SUPERVISÃO EM GESTALT-TERAPIA
O Cuidado como Figura

SUPERVISÃO EM GESTALT-TERAPIA
O Cuidado como Figura

ORGANIZADORES

Virginia Elizabeth Suassuna Martins Costa

Danilo Suassuna

SUPERVISÃO EM GESTALT-TERAPIA: O Cuidado como Figura
Direitos exclusivos para a língua portuguesa
Copyright © 2021 by
MEDBOOK — Editora Científica Ltda.

Nota da editora:
Apesar de terem envidado esforço máximo para localizar os detentores dos direitos autorais de qualquer material utilizado, a autora e a editora estão dispostos a acertos posteriores caso, inadvertidamente, a identificação de algum deles tenha sido omitida.

Projeto gráfico e diagramação: Andréa Alves
Capa: Ahaza ! Comunicação

CIP-BRASIL. CATALOGAÇÃO NA PUBLICAÇÃO
SINDICATO NACIONAL DOS EDITORES DE LIVROS, RJ

S956

Supervisão em gestalt-terapia : o cuidado como figura / organizadores Virginia Elizabeth Suassuna Martins Costa, Danilo Suassuna. - 1. ed. - Rio de Janeiro : Medbook, 2021.
184 p.; 21 cm.

    Apêndice
    Inclui índice
    ISBN 9788583690832

1. Gestalt-terapia. 2. Psicoterapia. 3. Clínica médica. I. Costa, Virginia Elizabeth Suassuna Martins. II. Suassuna, Danilo.

21-70427	CDD: 616.89143
	CDU: 615.851:159.9.019.2

Camila Donis Hartmann - Bibliotecária - CRB-7/6472
14/04/2021 14/04/2021

Reservados todos os direitos. É proibida a duplicação ou reprodução deste volume, no todo ou em parte, sob quaisquer formas ou por quaisquer meios (eletrônico, mecânico, gravação, fotocópia, distribuição na Web ou outros), sem permissão expressa da Editora.

▮▮▮ Medbook

MEDBOOK — Editora Científica Ltda.
Avenida Treze de Maio 41, sala 804 — CEP 20031-007
Centro — Rio de Janeiro — RJ
Telefone: (21) 2502-4438
www.medbookeditora.com.br
contato@medbookeditora.com.br

Agradecimentos

Gratidão às minhas grandes raízes existenciais – meus grandes "supervisores" –, à espiritualidade, aos pais – Elizabeth e Francisco –, ao marido – Tony (*in memoriam*) –, filhos – Danilo, Mateus e Livia –, noras – Karla e Patrícia – e genro – Cristiano –, aos netos – Davi, Bento, Agnes e Otto –, aos meus terapeutas, professores(as) e alunos(as), supervisionandos, clientes, amigos, colaboradores de forma geral, inclusive aos autores dos capítulos desta primeira edição, que cuidadosamente me ofereceram nutrientes para me fortalecer, romper a terra escura para me expandir em direção à realização dos meus sonhos e colher os frutos concretizados por esta obra. Afinal, a semente depende da fertilidade do solo, e nenhuma árvore se mantém em pé se não tiver raízes.

Finalmente, agradeço a você, leitor, que se disponibiliza a debruçar neste conteúdo e transformá-lo em nutrientes para que novas sementes possam ser fertilizadas, mantendo o ciclo do cuidado da vida como figura, alicerçado no conhecimento e na certeza de que o hoje é a semente do amanhã e de que nós podemos tudo, nós podemos mais, vamos lá fazer o que será.

Virginia Elizabeth Suassuna Martins Costa

༄ ༄ ༄

Agradeço a todos que me ensinaram que era certo errar! Tive a dádiva de nascer, tanto como bebê quanto como terapeuta, em meio a pessoas maravilhosas que contribuíram com minha caminhada.

À minha mãe, desde o ventre, minha SuperVisora! Contentemente ao meu lado, me lapidou desde sempre.

Ao meu pai que, com sua SuperVisão, me ensinou a ver além do não dito.

Aos meus filhos e esposa, que me ensinam a arte de ver e rever, constantemente, o mundo vivido e me retornam às coisas mesmas, todos os dias.

A cada um dos autores que por anos me acompanharam, me nutriram, cada um a seu modo, com suas presenças. Pude, desde cedo, sorver momentos ímpares ao lado de cada um(a), momentos que levo no coração, vivências que transcendem uma vida.

Aos leitores, agradeço a confiança nesta obra constituída como uma linda colcha de retalhos. A muitas mãos, com muitas cores e muitas experiências vividas. Tenham como certo que cada página aqui escrita traz a alma dos melhores supervisores em nossa abordagem. Cada uma se lapidou inúmeras vezes em encontros e desencontros.

A esses encontros e desencontros, meus sinceros agradecimentos, pois é nesse ir e vir, nesses atritos, que os verdadeiros relacionamentos acontecem e permanecem.

A Deus agradeço a honra de poder coexistir com cada um neste presente existencial.

Boa leitura a todos!

Danilo Suassuna

Autores

☙ Andrea Mateus Caldeira

Mestre em Psicologia pela Universidade Federal Fluminense (UFF). Gestalt-terapeuta (Dialógico). Supervisora de estágio no IMS Nise da Silveira.

☙ Beatriz Helena Paranhos Cardella

Psicóloga e Psicoterapeuta pela Pontifícia Universidade Católica de Campinas (PUC-Campinas). Mestre em Educação pela Universidade Paulista (UNIP). Especialista em Psicologia Clínica pela Universidade de São Paulo (USP). Professora do Curso de Especialização em Gestalt-terapia no Instituto Sedes Sapientiae-SP.

☙ Danilo Suassuna

Psicólogo pela Pontifícia Universidade Católica de Goiás (PUC-GO). Especialista em Gestalt-terapia. Mestre e Doutor em Psicologia pela PUC-GO. Pós-doutorando em Psicologia pela Universidade Salgado de Oliveira (Universo-RJ). CEO e Fundador do Instituto Suassuna (IS-GO). Membro do Conselho Consultivo da *Revista da Abordagem Gestáltica: Phenomenological Studies* (RAG). Consultor *Ad-hoc* da *Revista Psicologia em Revista PUC-MG*.

☙ Ênio Brito Pinto

Psicólogo pela Pontifícia Universidade Católica do Rio de Janeiro (PUC-RJ). Mestre e Doutor em Ciência da Religião pela PUC-SP. Pós-doutorado em Psicologia Clínica pela PUC-SP. Coordenador do Núcleo de Terapia Breve do Instituto Gestalt de São Paulo.

| Autores

✿ Karina Okajima Fukumitsu

Pós-Doutorado em Psicologia. Coordenadora da Pós-Graduação em Suicidologia pela Universidade Municipal de São Caetano do Sul (USCS). Coordenadora Adjunta da Pós-graduação em Gestalt-terapia e da Pós-graduação Morte e Psicologia: Promoção da Saúde e Clínica Ampliada, da Universidade Cruzeiro do Sul (UNICSUL).

✿ Lilian Meyer Frazão

Psicóloga e Psicoterapeuta pela Universidade de São Paulo (USP). Mestrado em Psicologia Clínica pela USP. Especialista em Psicologia Clínica e em Gestalt-terapia.

✿ Sandra Maria Moreira de Menezes

Psicóloga e Psicoterapeuta pela Universidade da Amazônia (UNAMA). Psicoterapeuta na Clínica Individual e de Casal. Professora e Supervisora do Curso de Especialização em Gestalt-terapia (CCGT/PA).

✿ Sheila Maria da Rocha Antony

Psicóloga e Psicoterapeuta pela Universidade de Brasília (UnB). Mestre em Psicologia Clínica pela UnB. Especialista em Gestalt-terapia.

✿ Silverio Lucio Karwowski

Mestre em Psicologia Clínica pela Pontifícia Universidade Católica de Campinas (PUC-Campinas). Psicólogo pela Universidade Federal de Uberlândia. Gestalt-terapeuta pelo Instituto Sedes Sapientiae de São Paulo.

✿ Virginia Elizabeth Suassuna Martins Costa

Psicóloga e Psicoterapeuta pela Pontifícia Universidade Católica de Goiás (PUC-GO). Mestre em Educação e Doutora em Ciências da Saúde pela Universidade de Brasília (UnB). Especialista em Psicologia Clínica e em Gestalt-terapia. Membro Fundadora, Professora e Supervisora do Instituto de Treinamento e Pesquisa em Gestalt-terapia de Goiânia (ITGT-GO) e do Instituto Suassuna (IS-GO). Membro do Conselho Consultivo da *Revista da Abordagem Gestáltica: Phenomenological Studies* (RAG).

Prefácio

*Como a terra que acolhe sementes, o Supervisor precisa acolher
a forma de ser e de estar no mundo de seu supervisionado
para que ele possa vivenciar seu eterno vir-a-ser.*

(Costa VESM)

Supervisão em Gestalt-terapia – O Cuidado como Figura é mais uma resposta, longamente esperada, às demandas de nossos estudantes e psicólogos à procura de um trabalho de qualidade. Muitas vezes, os estudantes, agora psicólogos, deixam a Universidade como generalistas, sabendo um pouco de tudo.

Entretanto, para lidar com a pessoa humana não bastam conhecimentos gerais de psicologia, um estágio no qual o aluno não apreendeu, nem aprendeu a lidar com a psicoterapia como um método rigoroso de acessar a alma humana.

O Outro é o único lugar em que eu posso me encontrar comigo mesmo, e essa é a única estrada que nos permite o acesso a nosso próprio mistério, pois, sem outro humano e não humano, nem sequer saberíamos de nosso próprio existir.

A supervisão em psicoterapia gestáltica é esse lugar, lugar da *epochè* do supervisor, para que, livre de si mesmo, possa escutar, sentir e *estar-com* seu supervisionado; lugar da *epochè* do aprendiz psicoterapeuta, para que, livre de si mesmo, possa ouvir e escutar seu supervisor, colocando em suas mãos a possibilidade de, juntos, experienciar, vivenciar o mistério escondido na dor de cada pessoa que lhes pede a mão.

Supervisionar é presença, encontro, cuidado, inclusão, confirmação das diferenças na relação aprendiz-mestre, aprendiz-cliente, pois é nessa *co-existência*, nessa conexão de rumos, de percepção, de soluções possíveis que intuímos o sentido da dor do outro, e é enxergando *ele* através dele que ambos visualizarão a estrada que possa conduzir o cliente ao encontro *do caminho de volta para casa*, como nos diz Beatriz Cardella.

ༀ IX ༁

| Prefácio

Este livro, escrito a muitas mãos, discute um tema complexo, e estou diante dele, sabendo que seus autores são nomes consagrados na cultura psicoterapêutica brasileira. Vou, portanto, deixá-los falar e, de uma maneira extremamente sintética, embora também extremamente cuidadosa, fui lá em seus textos, pincei e escolhi o que entendo ser sua mensagem para vocês, queridos leitores e leitoras, e que agora tenho o prazer de lhes apresentar.

Apresento-lhes, agora, as autoras e autores:

*P*or outro lado, como supervisora, a tarefa de acender uma pequena luz nos caminhos dos aprendizes que hoje acompanho é colheita desse percurso. Talvez minha capacidade empática, aliada à sensibilidade para compreender e acolher as agruras dos inícios e à reverência ao que ignoro e desconheço, seja uma das possibilidades de estabelecer um vínculo de confiança com os aprendizes.

Tenho a impressão de que eles percebem que me interesso mais pelo que é *verdadeiro* do que pelo que é *certo*, mais pelas *perguntas* do que pelas *respostas*, acolhendo diferentes possibilidades de compreensão, considerando que minha perspectiva é apenas e tão somente *uma* perspectiva possível. É mais uma *alter-visão* do que uma *super-visão*.

Nesse sentido, os aprendizes me ensinam e me recordam que sempre é tempo de recomeçar e aprender, que o início guarda a sabedoria do fim, que a ignorância é lugar ético também do supervisor. É fundamental que o aprendiz saiba se render à escuridão, nos passos lentos que ela nos impõe, reconhecendo a importância da disciplina e da Tradição, que ilumina seu caminho não para privá-lo de sua liberdade, ao contrário, para viver a experiência de lugar, criando raízes profundas e fincando seus pés firmes no chão para que possa alcançá-la e alçar voos plenos em direção ao horizonte de si mesmo (Cardella, BHP).

ೞ)ುಣೞ)ುಣ

*S*upervisionar transita entre ciência e arte. Como ciência, consiste em levar o supervisionando a se aprofundar em leituras dirigidas sobre a abordagem para se apropriar da teoria, de seus princípios e conceitos, com o fim de fundamentar a prática. Como arte, significa saber o momento de se deixar mover pela intuição, pelos sentidos, pelas sensações corporais, pelas emoções que, associadas à atenção consciente,

| Prefácio

servem de guia para realizar intervenções que facilitem a compreensão de processos psicoemocionais inconscientes, correlacionados com os conflitos psicológicos centrais da vida relacional do sujeito.

A tarefa do terapeuta é fluir junto com o cliente para reconhecer e fortalecer o senso de eu, descobrir e investir em suas qualidades adormecidas, em seus dons recebidos (tocar um instrumento musical, desenhar, pintar, fazer artesanato, fotografar, costurar, praticar algum esporte), incentivar a realização de desejos reprimidos.

É árduo e fascinante o trabalho de se pôr a serviço do cliente, peregrinando pelos cantos de sua alma para, supreendentemente, devolvê-lo para si mesmo em sua versão mais original. O terapeuta, nesse percurso, muitas vezes revisita a própria história e se depara com feridas ainda não cicatrizadas. Mas esse é o bônus e não o ônus de nossa profissão: o curador sendo curado por aquele que veio procurar a cura (Antony, SMR).

෨෪෨෪

Olhar o ser humano, segundo o enfoque gestáltico, é permissão para que eu possa direcionar a conduta profissional que vise à ampliação de *awareness*.

Apenas podemos ofertar aquilo que temos, e por isso é necessário criar certa compaixão para lidar com o sofrimento alheio. Cuidando de si, o psicoterapeuta poderá cuidar do outro e prevenir a fadiga por compaixão. A compaixão é necessária no sentido de não nos esgotarmos com as demandas de sermos altruístas, produtivos e cuidadosos.

A supervisão é território fértil que faz com que a gente possa compartilhar, com competência sutil, a possibilidade de que nossas ocupações estejam a serviço do amor que habita em nós. Perls (1977, p. 92) afirma que "o futuro se arranja sozinho". A supervisão deve primar pelo olhar sistêmico, que tenta buscar onde ainda há amor, apesar da dor que o supervisionando percebe em seu cliente (Fukumitsu, KO).

෨෪෨෪

À medida que os psicoterapeutas, em um espaço de supervisão, começam a perceber que seus sentimentos pelos pacientes são tão genuínos e acessíveis como também valioso instrumento de acesso, promotores do ato compreensivo e de *insights*, tornam-se eles mesmos

| Prefácio

menos defensivos nessa exposição, apuram a distinção entre sentir e pensar e ficam disponíveis não apenas para seu aparecimento, como também para o surgimento dos "inesperados" em psicoterapia, pois, como dizia Rehfeld em referência a Heráclito, *é preciso saber esperar o inesperado.*

O modo como o psicoterapeuta se percebe na relação com seu paciente e as formas como estabelece as intervenções, para além de uma espontaneidade ingênua ou de mera impulsividade, precisam estar pautados em base científica consistente, mesmo essa cientificidade desconstruindo diversos construtos pré-elaborados. Para esse propósito vale-se o psicoterapeuta da Gestalt-terapia, uma abordagem cuja plasticidade permite não apenas a inserção de elementos novos, mas também a manutenção de sua identidade à medida que vai se modificando (Karwowski, SL).

༄ఁ༄ఁ

Na supervisão da compreensão diagnóstica em psicoterapia breve em nosso grupo temos especial cuidado para conhecer as fronteiras de valor do paciente. Quando o campo favorece, cada membro se sente efetivamente participante, tem em si uma identidade grupal, a qual, por sua vez, vai criar e se apoiar em uma identidade do grupo, a face mundana do grupo.

Isso leva tempo e é um processo sem fim, no qual cada entrada ou saída de membros gera uma crise que, por sua vez, exige atenção por parte do supervisor (e de todos os participantes, mais do primeiro que dos outros) para que a nova tecedura do sistema permaneça forte e flexível.

Como em todas as situações de aprendizagem – e a supervisão, não nos esqueçamos, é uma situação de aprendizagem – há três pontos muito relevantes a serem observados pelo supervisor/facilitador: "(1) é preciso facilitar ao participante o sentimento de que pertence, de que faz parte; (2) a dignidade do participante deve ser preservada; é preciso transmitir-lhe o sentido de equivalência; (3) a coragem e autoconfiança do participante devem também ser preservadas ou, se for o caso, restabelecidas" (BUROW, 1985, p. 109).

Há uma memória grupal que se constrói passo a passo e que serve de eficiente suporte em alguns momentos. Há uma memória de cada um relacionada ao vivido no grupo que serve de suporte para a criação da identidade grupal e da identidade de grupo. Há uma memória que precisa de muita atenção de cada membro do grupo, relacionada aos atendimentos discutidos (Pinto, EB).

ᘓ XII ᘓ

| Prefácio

A supervisão, na realidade, tem início antes que o grupo se encontre. Uma vez que é solicitado ao estagiário que apresente por escrito o relato do atendimento, isto dá início a um rico processo de reflexão do estagiário sobre o atendimento realizado.

Delimitar claramente o *objetivo da supervisão*, o qual, diferentemente de muitas outras supervisões, não se restringe exclusivamente a propiciar ao aluno responsável pelo atendimento desse ou daquele paciente as orientações e os recursos de compreensão e manejo da situação clínica, e sim utilizar a compreensão e a experiência de *cada* aluno para a discussão que visa ao *desenvolvimento do raciocínio clínico* do grupo em sua totalidade.

Creio que um elemento importante na supervisão é a terapia pessoal do terapeuta. Muitas situações clínicas com as quais nos deparamos em nossos atendimentos esbarram em situações pessoais experienciadas pelo terapeuta, e é importante que ele possa discriminar no campo terapêutico quais elementos são seus e quais são do paciente (Frazão, LM).

ᘒᑫᘒᑫ

*E*m muitos grupos de supervisão é comum ouvir a aflição de psicoterapeutas por se sentirem vulneráveis em seu modo de intervir clinicamente em virtude de sua história de vida, de suas questões pessoais e, em função disso, assumem posturas rígidas sobre si mesmos, insistindo na impossibilidade de deixar fora da relação terapêutica seus problemas e dificuldades, emperrando a fluidez de seu processo criativo durante as sessões.

Nesse ponto, o trabalho em supervisão consiste em auxiliar o profissional a acolher quem ele tem sido, com suas limitações, e ajudá-lo a perceber como seus codados poderão facilitar a *awareness* do cliente.

Nessa perspectiva, ensinar a outro profissional como se faz psicoterapia implica imersão nessa prática que começa na graduação e saber que um caminho sempre inacabado nos espera, tendo nos estudos, no aprimoramento técnico e no autocuidado nossos companheiros de jornada.

Além disso, como supervisores, estamos sempre no trânsito fino e sutil entre enxergar e fortalecer a potência criativa do supervisionando e auxiliá-lo no refinamento da técnica interventiva sem imprimir nele nossa própria forma de fazer psicoterapia. Como supervisores clínicos, precisamos

| Prefácio

ouvir e ajudar o supervisionando a encontrar seus próprios sentidos e/ou coconstruir outros a partir da inclusão de elementos da perspectiva do supervisor e do grupo (CALLIGARES, 2019; ALMEIDA, OLIVEIRA & PEREIRA, 2020) (Meneses, SMM).

ഇൠഇൠ

A prática da supervisão com base na Gestalt-terapia e em seus pressupostos filosóficos do existencialismo e da fenomenologia traz a ideia de horizontalidade da relação e elementos não somente teóricos para a formação. Inclui o campo do sentir, através do próprio corpo sensório-motor, no encontro com os relatos das experiências dos atendimentos, tornando-se elemento da formação e consequentemente da supervisão.

Trata-se de colocar entre parênteses o senso comum de diagnósticos e procedimentos e mirar no encontro que se processa no olhar, no corpo e na fala, considerando assim que não existe um mundo sem eu nem um eu sem mundo.

É na supervisão que esses elementos aparecem e precisam ser tratados como parte do cuidar, pois as pessoas são o que vivem. O que vai nortear a orientação de cuidado na supervisão é o entendimento de que o que conduz a clínica são os vínculos estabelecidos. O acolhimento começa no olhar, no escutar, e muitas vezes isso por si já é potencializador.

A experiência da supervisão se configura como um espaço de produção de conhecimento a partir do encontro de sensibilidades, percepções de cuidados e afetos e que independem da linha teórica do aluno. A sensibilidade desse terapeuta em formação se torna peça fundamental do cuidado, suas percepções, sensações e a escuta do que se desvela no encontro (Caldeira, AM).

ഇൠഇൠ

Como a terra que acolhe sementes, o supervisor precisa acolher a forma de ser e de estar no mundo de seu supervisionado para que ele possa vivenciar seu eterno vir a ser.

Nesse processo, cabe ao supervisor criar condições para que o terapeuta iniciante identifique aquilo que lhe é significativo no processo de se tornar terapeuta (VIEIRA, 2012).

| Prefácio

Definir supervisão é um desafio devido à diversidade de concepções que envolvem esse processo, mas, de modo geral, entende-se que a supervisão é um momento contratual de relação formal e colaborativa entre supervisor e supervisionando com o objetivo de desenvolvimento, ensino e aprendizagem da prática clínica e que ocorre em um contexto específico.

De acordo com Ribeiro (1985), tanto na aprendizagem como em psicoterapia, a pessoa deve aprender a descobrir o maior número possível de soluções, respeitando o princípio estabelecido de que a situação sempre deve ser vista como um todo tanto pelo cliente como pelo psicoterapeuta.

Caracterizada como um esforço colaborativo no qual supervisor e supervisionando estão aprendendo sobre o cliente, sobre terapia e sobre si mesmos, uma aliança caracterizada pela aceitação, validação, genuinidade e concretude, por parte do supervisor, pode ampliar a capacidade dos supervisionados de aprenderem essas mesmas habilidades interpessoais e posteriormente usá-las na terapia com os clientes (ANDERSSON, 2011) (Costa, VESM).

ಬಂಡಬಂಡ

Enfim, percorri com vocês uma longa caminhada e, agradecido, aproveitei e fiz minha supervisão com cada mestre que eu lia, e parei na penúltima estação.

Resta, então, um pedaço da estrada...

Jorge Ponciano Ribeiro
Professor Titular Emérito da Universidade de Brasília
Gestalt-terapeuta
Neto de uma Escrava Ventre Livre, neto de uma Índia do Povo Tapuia e neto de uma Avó Branca, Filha de Pais Portugueses.

Sumário

1. O ESTAR SUPERVISORA E O ACOLHIMENTO DA SEMENTE, **1**
Virginia Elizabeth Suassuna Martins Costa | Danilo Suassuna

2. O SUPERVISOR-APRENDIZ E O ACENDEDOR DE LAMPIÕES, **23**
Beatriz Helena Paranhos Cardella

3. SUPERVISÃO CLÍNICA: PARTILHANDO EXPERIÊNCIA E SABER, **43**
Sheila Maria da Rocha Antony

4. SUPERVISÃO: OPORTUNIDADE PARA LEVAR NOSSOS OLHOS PARA PASSEAR, **63**
Karina Okajima Fukumitsu

5. A CLÍNICA DE GESTALT-TERAPIA: UM MODO DE SUPERVISÃO, **73**
Silverio Lucio Karwowski

6. UMA SUPERVISÃO GRUPAL EM PSICOTERAPIA BREVE: REFLEXÕES E VIVÊNCIAS, **95**
Ênio Brito Pinto

7. SUPERVISÃO, **121**
Lilian Meyer Frazão

8. A SUPERVISÃO EM PERSPECTIVA GESTÁLTICA:
UM RECURSO PARA O ENSINO-APRENDIZAGEM DA PSICOTERAPIA, **137**
Sandra Maria Moreira de Menezes

9. O PAPEL DA SUPERVISÃO NA FORMAÇÃO: DESCONSTRUÇÕES, PONTES E AFETOS, **151**
Andrea Mateus Caldeira

ÍNDICE REMISSIVO, **161**

SUPERVISÃO EM GESTALT-TERAPIA

O Cuidado como Figura

O ESTAR SUPERVISORA E O ACOLHIMENTO DA SEMENTE

Virginia Elizabeth Suassuna Martins Costa | Danilo Suassuna

Ontem o menino que brincava me falou
Que o hoje é semente do amanhã
Para não ter medo, que esse tempo vai passar
Não se desespere não, nem pare de sonhar
Nunca se entregue, nasça sempre com as manhãs
Deixe a luz do sol brilhar no céu do seu olhar
Fé na vida, fé no homem, fé no que virá
Nós podemos tudo, nós podemos mais
Vamos lá fazer o que será...
(Erasmo Carlos)

INTRODUÇÃO

Pompeia (2004) afirma que "a obra de arte diz respeito a cada um de nós, como a semente diz respeito à terra". Ele nos recorda que a palavra *homem* tem a mesma etimologia de *húmus* – terra – e que não se trata de qualquer terra, mas de terra fértil. Assim, ele completa, "ouvir a fala da obra é acolher a semente".

É no acolhimento que a semente germina para que o grão venha a ser. Uma semente é sempre um poder ser, uma promessa que ainda não é, mas que poderá ser ao se deparar com a fertilidade da terra. A semente, entretanto, nunca será aquilo que a terra quer que ela seja, mas o que, como semente, já traz como poder ser.

Como terra que acolhe a semente, o supervisor precisa acolher a forma de ser e estar no mundo do supervisionado para que ele possa vivenciar seu eterno poder ser.

Nesse processo, cabe ao supervisor criar condições para que o terapeuta iniciante identifique aquilo que lhe é significativo no processo de tornar-se terapeuta (VIEIRA, 2012).

Da mesma maneira, Lambers (2007) destaca que a função da supervisão não é monitorar o trabalho do terapeuta, mas facilitar a descoberta de sua forma de ser terapeuta.

Ribeiro (1991), ao se referir ao processo terapêutico, já utilizou a metáfora do chacareiro que prepara a terra e cuida das sementes, criando condições para que essas possam florescer.

Como enfatiza Ribeiro (1985), o homem é o único ser que pode sair de si para se projetar e transcender a si mesmo. Assim, a tarefa do supervisor se torna uma experiência também artesanal na medida em que não se propõe nem à modelagem nem ao controle, mas à abertura para a confiança que pode ali se estabelecer (QUADROS, ARAUJO & SOUZA, 2018).

Por fim, Ribeiro (1985) atesta que o homem possui um impulso dominante de autorregulação, pelo qual é constantemente motivado, uma vez que está permanentemente à procura de atualizar suas potencialidades.

COMO DEFINIR O PROCESSO DE ACOLHIMENTO DA SEMENTE: A SUPERVISÃO?

Definir supervisão é um desafio em virtude da diversidade de concepções que envolvem esse processo, mas, de modo geral, entende-se que a supervisão é um momento contratual de relação formal e colaborativa entre supervisor e supervisionando com o objetivo de desenvolvimento, ensino e aprendizagem da prática clínica e que ocorre em um contexto específico.

Entretanto, embora provavelmente haja tantas abordagens para a supervisão quantos supervisores, o aspecto comum, obviamente presente em todas as abordagens de supervisão, é a relação entre supervisor e supervisionado.

Embora o termo *supervisão* evoque, a partir de sua etimologia, a ideia de uma *visão superior*, não devemos entender aquilo que legitima a posição do supervisor nas práticas psicológicas apenas como transmissão e fiscalização dos conhecimentos téc-

CAPÍTULO 1 | O Estar Supervisora e o Acolhimento da Semente

nicos pertinentes às intervenções supervisionadas nem um saber mais acerca do caso do supervisionado e do envolvido no processo psicoterapêutico. O que o supervisor tem a mais, e o que o legitima nessa função, deve ser sua abertura para o estranhamento, sua disponibilidade para suportar a disposição da angústia perante o não saber sobre o outro (SÁ, AZEVEDO JR & LEITE, 2010).

De qualquer maneira, a supervisão está longe de ser uma forma descomprometida de relacionamento, em que um "dá palpite" no trabalho do outro. A situação de supervisão é claramente definida pelo papel do supervisor e visa a objetivos específicos com os quais se comprometem os envolvidos.

Na tentativa de retirar o caráter hierárquico ou normativo do termo, alguns profissionais preferem denominá-lo *outra visão*. Nessa perspectiva, mais dinâmica, constituem-se os grupos de *intervisão*, onde o processo é distribuído entre todos, sem uma figura centralizadora (QUADROS, ARAUJO & SOUZA, 2018).

Buys (1987) caracteriza a supervisão como *metapsicoterapia*, no sentido usual do termo *meta*, do grego, reflexão crítica sobre. Ele afirma que, assim como a metaciência é a ciência e não a realidade objeto da ciência, a metapsicologia (supervisão) tem como campo a situação psicoterapêutica e não a realidade da experiência na relação com o psicoterapeuta, que é objeto da psicoterapia.

Assim, Buys (1987, p. 23) define supervisão como:

> [...] aquele momento em que se fala sobre a psicoterapia que está sendo feita pelo supervisionando: onde a experiência psicoterapêutica é examinada, questionada, mais bem entendida, enfim, onde o psicoterapeuta reflete junto com o supervisor sobre sua experiência como psicoterapeuta.

Andersson (2011) enfatiza que a supervisão clínica é um dos processos mais importantes para o desenvolvimento da competência profissional em psicoterapeutas – senão a faceta mais crítica do esforço de treinamento de psicoterapia – e apresenta duas metas essenciais e inter-relacionadas: desenvolver competência terapêutica no supervisionando e garantir a integridade dos serviços clínicos prestados ao cliente, uma vez que a alteração de alguma característica do terapeuta resultará, provavelmente, em uma entrega mais competente da psicoterapia e posteriormente levará a melhores resultados para o cliente.

Da mesma maneira, Buys (1987) salienta que a supervisão é uma atividade específica na vida do profissional da psicologia e não pode substituir nem ser substituída por qualquer outra.

03 3 80

Nesse sentido, como prática intensiva, a supervisão é que tem como objetivo a apreensão da relação e na relação. Afinal, é a apreensão não da experiência individual do psicoterapeuta, mas da experiência do psicoterapeuta na relação com o cliente, que precisa ser compreendida (BUYS, 1987).

Para atingir esse objetivo, a supervisão engloba três funções – a teórica, a técnica e a experiencial – diferentemente da psicoterapia, que cumpre apenas a experiencial, pois visa à relação do cliente com seu mundo, enquanto a da supervisão engloba a relação do supervisionando com seu cliente (BUYS, 1987).

Na supervisão, o supervisor trabalha em duas dimensões: a dimensão psicoterapeuta-cliente e a dimensão experiencial didática. Na primeira, ele focaliza tanto a experiência do psicoterapeuta como a experiência do cliente como é vista pelo psicoterapeuta. Na segunda, o supervisor pode intervir de maneira experiencial, focalizando os sentimentos do psicoterapeuta ou do cliente (obviamente, conforme vividos pelo supervisionando), ou pode intervir de maneira didática, em nível teórico ou técnico. Essa segunda dimensão do trabalho do supervisor também diferencia a supervisão da psicoterapia (BUYS, 1987).

No meu entendimento, essa separação é apenas didática, uma vez que na prática pode ocorrer simultaneamente. Oscilar como o pêndulo de um relógio que não escolhe um dos lados, mas que oscila entre ambos para produzir o movimento, parece ser o movimento tanto do supervisor como do supervisionado no espaço da supervisão.

Se, por exemplo, o supervisionado ficar interessado apenas no nível teórico ou técnico de seu atendimento, enfatizando somente o *acertou* ou *errou*, interromperá o movimento de compreender o que e como suas fronteiras de contato foram tocadas a ponto de repercutir no inter-relacional. Por outro lado, se o supervisor se fixar apenas em discutir o possível envolvimento do supervisionando, sem atentar para a reflexão do suporte filosófico e teórico da abordagem que elege como seu alicerce terapêutico, fixar-se-á em apenas uma das dimensões necessárias à prática de supervisão.

Andersson (2011) enfatiza que a relação entre supervisor e supervisionando é reconhecida como tão crucial para o processo de supervisão quanto a relação terapêutica o é para o processo e o resultado da psicoterapia. Portanto, segundo Pack (2009), ao estabelecer uma aliança de supervisão satisfatória, o supervisor favorece a possibilidade de o supervisionando absorver essa habilidade e utilizá-la no trabalho com clientes.

Caracterizada como um esforço colaborativo no qual supervisor e supervisionando estão aprendendo sobre o cliente, sobre terapia e sobre si, uma aliança caracterizada

CAPÍTULO 1 | O Estar Supervisora e o Acolhimento da Semente

pela aceitação, validação, genuinidade e concretude por parte do supervisor pode ampliar a capacidade dos supervisionados de aprenderem essas mesmas habilidades interpessoais e posteriormente usá-las na terapia com os clientes (ANDERSSON, 2011). Caso contrário, continua o autor, os supervisionados poderão vivenciar insatisfação e ansiedade, aspectos que podem impactar negativamente o resultado da supervisão, com consequências não apenas para o desenvolvimento de suas habilidades, mas também para o resultado da terapia para o cliente. Nesse caso, o monitoramento da relação entre supervisor e supervisionado é fundamental.

Nesse sentido, estar atento às habilidades terapêuticas se revela de suma importância para o desfecho terapêutico satisfatório. Assim, é razoável que a relação terapêutica tenha grande foco na supervisão e que a avaliação frequente dos fatores de relacionamento seja um aspecto essencial do processo de supervisão, uma vez que pode oferecer informações valiosas sobre o processo terapêutico (ANDERSSON, 2011).

Entretanto, o desenvolvimento das habilidades terapêuticas necessárias para cultivar uma relação terapêutica satisfatória é uma questão complexa. Ensinar e aprender os objetivos e passos para construí-la acaba sendo mais fácil do que o próprio estabelecimento do vínculo entre supervisionando e cliente.

Andersson (2011) salienta que algumas pesquisas indicam que habilidades de resposta empáticas podem ser ensinadas, por exemplo, combinando instrução, modelagem, prática, *feedback* e/ou *role-play*, nas quais o supervisor consegue assumir a posição do cliente no processo de terapia. Afinal, a empatia desempenha papel crítico na formação da aliança terapêutica.

Exercícios estruturados de atenção plena também podem ser utilizados, inclusive no início da supervisão, com o objetivo de ampliar a consciência de sentimentos sutis, pensamentos e fantasias emergentes no trabalho, e podem fornecer informações importantes sobre o que ocorre na relação terapêutica, bem como colaborar para o desenvolvimento da capacidade de empatia dos indivíduos.

Nessa perspectiva, é fundamental que o supervisor permaneça atento a aspectos que podem causar rupturas no processo terapêutico e ajude o supervisionando a desenvolver habilidades para repará-las.

Na perspectiva da Gestalt-terapia, segundo Andersson (2011), há uma apreciação pela influência mútua e recíproca no campo terapeuta/cliente, de modo que nada que ocorra entre o terapeuta e o cliente surge apenas em um deles.

Para atingir esse objetivo, é importante que o supervisor investigue as interações que precipitaram as reações negativas e favoreça o desenvolvimento de habilidades,

౦౭ 5 ౬౦

como autoaceitação, abertura à autoexploração e capacidade de dialogar genuinamente com o cliente, pois afinal o aspecto mais importante da supervisão é examinar a qualidade da relação entre o terapeuta e o cliente e com o supervisor.

A distância da onipotência, tanto do supervisor como do terapeuta, no processo de supervisão permite vivenciar o emergir de uma potência singularizada em cada processo, o que aproxima a supervisão mais de um processo artesanal do que técnico. Esse caráter artesanal envolve alguns dos princípios da Gestalt-terapia que também se aplicam ao processo de supervisão. Segundo Yontef (1996), são eles: a teoria de campo, o foco fenomenológico, a experimentação e o contato dialógico, os quais serão descritos a seguir.

☙ Teoria de campo

A teoria de campo reconhece que eventos, como as ações de uma pessoa, podem ser compreendidos apenas no contexto em que ocorrem e não isoladamente. Assim, como afirmam Kron e Yerushalmi (2000), devem ser considerados dois aspectos principais do campo: o contexto em que ocorre a terapia com o cliente e o contexto da supervisão, incluindo as "visões de mundo, crenças e abordagens interpretativas idiossincráticas da supervisão".

Yontef (1996) também assegura que tanto o supervisor como o supervisionado criam um *campo* também responsável pela qualidade do processo de supervisão. Esse autor, com base na teoria paradoxal da mudança, afirma ainda que, como em toda terapia pessoal, identificar a realidade permite o aprendizado e o crescimento. Por outro lado, negar o que está acontecendo cria dificuldades que podem impedir o crescimento.

Pack (2009) também enfatiza que refletir sobre si mesmo e sobre a vivência "aqui e agora" favorece a *awareness* do supervisionando. Como afirma Ribeiro (1985), estar no aqui e agora significa, contém e explica minha relação com a realidade como um todo, afinal o aqui e agora é a-histórico, ele simplesmente é.

Yontef (1996) garante que, nesse campo relacional entre supervisor e supervisionando, é preciso desenvolver uma tentativa de equilíbrio entre o apoio, o encorajamento e o desafio, pois a supervisão precisa se constituir no lugar em que o "ajuste criativo" pode ocorrer, fundamentado na teoria paradoxal da mudança. Segundo esse autor, apoiar e honrar quem o supervisionando está sendo naquele momento favorece outras possibilidades de vir a ser de si mesmo.

CAPÍTULO 1 | O Estar Supervisora e o Acolhimento da Semente

Ainda no contexto da teoria de campo, é fundamental, na minha perspectiva, discutir questões éticas comuns e alguns dilemas do supervisionando que podem estar fazendo parte do campo vivido do supervisor, do supervisionado e do próprio cliente. Callifronas e Brock (2017), ao se referirem aos limites éticos, relembram Hipócrates (400 a.C.): "ajudar ou pelo menos não fazer mal." Portanto, é fundamental que a beneficência e a não maleficência governem a relação tridimensional que envolve cliente, terapeuta e supervisor.

∞ Foco fenomenológico

Em seu rigor metodológico, ao exigir a atitude atenta e descritiva "ao que, como e para quem se mostra" em vez de interpretações, o foco fenomenológico requer a suspensão de suposições para que se preste atenção aos dados sensoriais primários. Assim, na supervisão da Gestalt, a ênfase está menos em conceituações e explicações e mais na consciência experiencial, fenomenológica.

Yontef (1996) justifica que, para que o supervisor e o supervisionado possam ser impactados pelo óbvio (*o dado*), a suspensão, o colocar entre parênteses as inferências, suposições, interpretações, crenças teóricas, e assim por diante, precisa estar presente no processo de supervisão.

Desse modo, faz-se necessária uma escuta fenomenológica que, ao se sentir acompanhada do exercício de suspensão do estatuto da realidade simplesmente dada, atribuída às experiências, como na atitude denominada por Husserl de "atitude natural", permite que o sentido das experiências se manifeste (SÁ, AZEVEDO JR & LEITE, 2010).

Esses autores também enfatizam a necessidade de se compreender a diferença entre "falar da realidade em si" e "falar sobre a experiência da realidade". É preciso um grau de *des-identificação* com respeito ao naturalismo ingênuo em que se permanece preso a maior parte do tempo. É preciso um espaço de abertura para um movimento de desapego em relação aos preconceitos que determinam os limites de nossa experiência cotidiana.

∞ Experimentação

A experimentação se refere a um processo de exploração experiencial que se dá através de expressões ativas, comportamentais ou imaginativas, em vez de apenas pelo pensamento cognitivo e explicações verbais (ANDERSSON, 2011).

A diferença entre aprender e ensinar está no fato de que a aprendizagem começa a partir do referencial do aluno, enquanto o ensino convida o aluno para o mundo do professor, pois a aprendizagem experiencial é o engajamento entre o mundo exterior do meio ambiente e o mundo interior da pessoa. Como afirma Galileu Galilei (1564-1642), não podemos ensinar nada às pessoas, só podemos ajudá-las a descobrir isso dentro de si mesmas (*In* CALLIFRONAS & BROCK, 2017).

☙ Contato dialógico

O contato dialógico pode ser descrito como fenomenologia compartilhada (YONTEF, 2009) e compreendido como um encontro entre as pessoas em que o outro não é visto como um objeto a ser analisado ou manipulado, mas como um parceiro relacional. Esse é o quarto princípio da Gestalt-terapia, também enfatizado no processo de supervisão (YONTEF, 1996).

Ao assumir essa postura, o supervisor se coloca como um coparticipante e se dispõe a se envolver autenticamente no esclarecimento e na exploração das dificuldades e transferências mútuas que inevitavelmente ocorrem no processo de supervisão (KRON & YERUSHALMI, 2000).

Orientados dialogicamente, os supervisores também se disponibilizam a expressar abertamente seus pensamentos, sentimentos, suas fragilidades e pontos fortes, assim como suas necessidades, desde que contribuam para o processo de aprendizagem.

Diante dessa possibilidade de horizontalidade, a relação entre supervisor e supervisionado pode contrariar o potencial da vergonha de outro modo presente em uma relação vertical ou desigual (YONTEF, 1996). Segundo Andersson (2011), a relação de supervisão pode ser vista, na perspectiva da Gestalt-terapia, como um fórum dialógico onde temas existenciais, incerteza e complexidade podem ser explorados com segurança, pois a relação dialógica, por sua natureza, mitiga contra a vergonha. Dessa maneira, acredita-se que artesanalmente se evite um clima persecutório de julgamento e competição.

Na perspectiva dialógica (PACK, 2009), o momento Eu-Tu pode ocorrer no processo de supervisão, quando objetivos e julgamentos permanecem temporariamente suspensos e o foco passa a ser o que está acontecendo entre o supervisor e o supervisionado no momento presente. Por outro lado, momentos Eu-Isso tentam garantir uma prática mais segura, visando ampliar as necessidades do supervisionado de atender as necessidades de seu cliente. Vale ressaltar que elementos-chave do processo dialógico, como presença, comunicação genuína e sem reservas e inclusão,

CAPÍTULO 1 | O Estar Supervisora e o Acolhimento da Semente

são também fundamentais no processo de supervisão, onde o que ocorre tem paralelo com o que está acontecendo na sessão de terapia.

É preciso, continua Pack (2009), tornar ambos os processos abertos ao diálogo, o que favorece uma relação de supervisão mais autêntica e de grande aprendizagem para ambas as partes. Essa autora também salienta que o "diálogo" na supervisão acaba ocorrendo no "vazio criativo" ou no ambiente de tensão, enfatizando que é nesse espaço de "desconhecimento" criado pelo processo de supervisão que *insights* e *awareness* podem se tornar disponíveis, colaborando para o processo de *vir-a-ser* do supervisionando.

Portanto, na supervisão da Gestalt, atenção especial é dada à consciência do supervisionado a respeito do contato que ele estabelece consigo mesmo e com o cliente durante o processo terapêutico, assim como do contato estabelecido com os princípios dialógicos de inclusão, presença autêntica, compromisso com o diálogo e viver a relação (ANDERSSON, 2011).

O ESTAR SUPERVISORA: REFLEXÕES PRÁTICAS

⍩ Contextualização

Em nossa prática clínica desenvolvemos uma forma que seria fiel às bases filosóficas e teóricas da Gestalt-terapia e que facilitasse o contato do supervisionado consigo mesmo e com o cliente. Essa forma inclui, além dos quatro princípios citados por Yontef (1996), alguns aspectos do humanismo, existencialismo, existencialismo dialógico, fenomenologia, psicologia da Gestalt e teoria organísmica, assim como conceitos básicos da Gestalt-terapia. Todo esse arcabouço teórico, entretanto, vai sendo evidenciado em cada caso, dependendo de sua especificidade.

Como estratégia de supervisão didática para a primeira aula da disciplina de Supervisão Focal do Instituto de Treinamento e Pesquisa em Gestalt-terapia (ITGT), oferecida a psicólogos no segundo módulo do Curso de Especialização em Gestalt-terapia, optamos por trabalhar com os alunos, terapeutas iniciantes, a simulação de um caso que eu havia atendido.

Os alunos desse período estão iniciando seus atendimentos, uma vez que é pré-requisito do ITGT a conclusão do primeiro semestre do curso, no qual resgatam os fundamentos filosóficos e teóricos da Gestalt-terapia. Portanto, na primeira aula ainda não há casos a serem supervisionados.

⍩ 9 ⍟

Nesse caso, utilizamos o recurso do *role-play*, ao solicitar que um aluno assumisse o papel de cliente e outro o de terapeuta, após termos relatado o caso em questão.

A transcrição dessa aula e de alguns ajustes teóricos posteriores contou com a colaboração de duas monitoras da disciplina na época, Nadine e Ludimila, a quem agradecemos o estímulo para compartilhar os momentos vividos em sala de aula.

Entre esses momentos, encontra-se a relevância de enfatizar a metodologia clínica fundamentada no princípio gestáltico das forças determinantes do campo presente e a percepção do poder diferencial de acesso à *awareness* pelo recurso da atitude focada em eventos presentes como alternativa às intervenções terapêuticas focadas no passado; a importância do saber escutar o cliente e a si próprio, dos princípios da presentificação: a atenção às funções de contato desenvolvidas pelo cliente no processo terapêutico, a comunicação verbal e corporal, os indicadores de evitação de contato, o foco em como se dá o relato do "aqui e agora" da sessão, em substituição ao foco no conteúdo do enredo relatado e, finalmente, perceber a mudança como um processo decorrente do contato intensificado com o evento atual.

Como atividade avaliativa da disciplina, era solicitado aos alunos que entregassem um relatório de cada sessão supervisionada em que incluíssem sua experiência de compreensão empática, tentando articular, para além do conhecimento teórico, sua disponibilidade para perceber o que está no campo da experienciação, até mesmo seus pensamentos, sensações e sentimentos. Como afirmam Polster e Polster (2001), o terapeuta precisa se aproximar de si mesmo, ampliando o contato consigo e com questões existenciais que podem atravessar o *setting* terapêutico, uma vez que ele é seu próprio instrumento de trabalho.

Alguns diálogos com os alunos e algumas considerações teóricas elaboradas durante as aulas ilustram nossa experiência, bem como trechos transcritos que evidenciam algumas tentativas de reflexões e intervenções na simulação do atendimento do caso em questão, complementados posteriormente pelas duas monitoras citadas.

CASO CLÍNICO

O caso clínico analisado neste capítulo foi selecionado com o objetivo de ampliar o contato dos alunos com os temas normalmente levados ao consultório, mas que geralmente não são trabalhados como eixo específico na grade curricular do Curso de Especialização do ITGT (nesse caso, a sexualidade).

CAPÍTULO 1 | O Estar Supervisora e o Acolhimento da Semente

O caso, dramatizado em sala de aula, é o da mãe de uma adolescente de 14 anos que solicita uma sessão extra em razão de seu desespero diante do relato da filha de que havia transado com um rapaz da mesma idade após ter saído de uma festinha de colegas da escola, quando perdeu a virgindade. A mãe, de 38 anos, diz ter sido essa a primeira vez que permitiu que a filha aceitasse o convite do grupo para um evento social e que, ao chegar em casa chorando copiosamente, a filha foi procurá-la, deitou-se em seu colo e contou detalhes do ocorrido. A mãe conta ter preferido ficar em silêncio por não saber o que dizer e pensou em me pedir socorro como terapeuta.

Na perspectiva fenomenológica, é fundamental que todos os fenômenos sejam colocados no mesmo horizonte e que o terapeuta tenha consciência das expressões verbais e não verbais envolvidas no processo relacional (em si e no cliente). Essa percepção facilitará o foco fenomenológico no processo terapêutico.

Entretanto, é necessário investigar inicialmente se o terapeuta mostra habilidade em perceber o que é colocado pelo cliente como figura, na maneira como se expressa, incluindo a tonalidade da voz e a mudança no olhar, entre outros aspectos. No caso em questão, destaca-se o fato de a mãe ter liberado a saída da filha com os amigos e não suas consequências, demonstrado pela ênfase, verbal e não verbal, dada ao fato de ter sido a primeira vez que havia consentido que a filha saísse.

Essa habilidade do terapeuta de discriminar a figura e o fundo do que se mostra por si pode estar comprometida em função *do que se mostra e de como se mostra,* em virtude das próprias questões existenciais do supervisionado.

Antes de iniciar a dramatização, solicito ao aluno que assume o papel de terapeuta que entre em contato com seus sentimentos ao ouvir o relato, aspecto fundamental no processo de supervisão:

Aluna-terapeuta: Ao ouvir a mãe, *acho* que senti um pouco de desespero junto com ela.

Virginia-supervisora: É necessário ampliar seu contato consigo próprio diante do que testemunha [....] Nesse sentido, substitua o *acho* por uma afirmação mais próxima de sua experiência. Experimente dizer: "Eu *senti* desespero em mim" [repito lentamente, focalizando no pronome *em mim*].

Focar a atenção por meio de técnicas, por exemplo, pode ampliar a consciência de pensamentos, sensações físicas e sentimentos sutis que envolvem o *entre* terapêutico.

Inicia-se aqui, segundo minha perspectiva, o processo de acolher a semente para que o grão venha a ser, pois é na fertilidade da terra que ela germina.

Aluna-terapeuta: Senti vontade de acalmá-la e perguntei: "Como você ficou sabendo?"

Como supervisora, acredito que ajudar o supervisionando a perceber que também teve vontade de acalmar a paciente e defletiu por meio de sua curiosidade pode colaborar com a aluna-terapeuta para compreender como ela lida com os próprios sentimentos.

Sem esse contato, o terapeuta pode correr o risco de tentar diminuir o sentimento de desespero da cliente, que poderia ser uma via de acesso à consequência de sua permissão. Nessa perspectiva, acredito que a supervisão acaba cumprindo suas três funções: a teórica, a técnica e a experiencial.

O contato com o impacto que a fala do cliente provoca aciona nossas fronteiras de valor, de expressão de familiaridade e do corpo, entre outras, como quando a mãe relata seu sentimento de desespero com a experiência sexual da filha, podendo facilitar a presença, a inclusão, a reciprocidade, o acolhimento e a confirmação.

Percebe-se aqui que a proposta da supervisão é construir um conjunto de habilidades e possibilidades para que o terapeuta iniciante possa se apropriar de seu jeito de estar naquela relação, naquele momento.

Aluna-terapeuta: Sabe o que eu estou pensando?

Virginia-supervisora: Não. Eu não quero que você pense, não. Estou interessada em ampliar seu contato com seu sentimento de desespero, que afirmou que estava sentindo.

Aluna-terapeuta: O meu desespero é pensar que agora já foi. Ela já perdeu a virgindade.

Virginia-supervisora: A perda da virgindade está surgindo como figura para você agora. Nesse momento é importante investigar como a questão da sexualidade se faz presente em seu campo existencial. Quando você toma a virgindade como figura, você volta a atenção para a adolescente e não para o desespero evidenciado na fala da mãe. E como você se sente agora, diante do sentimento da mãe?

Aluna-terapeuta: Ah, o que eu sinto em relação à mãe é que eu não posso *fazer* nada por ela para acalmá-la.

Virginia-supervisora: Como você se sentiu impotente, acalmá-la lhe daria provavelmente uma sensação de potência e satisfaria um desejo seu, sem saber se esse aspecto era necessário para ampliar o contato da mãe consigo mesma.

Aluna-terapeuta: Sim, queria *fazer* algo para sentir que fiz alguma coisa.

Virginia-supervisora: Sentir a impotência, oferecendo sua subjetividade para ir ao encontro da cliente, é também *fazer* algo. Vivenciar a inclusão é uma forma de exercitar sua presença. É preciso que você se dê conta de que permitir que o outro se sinta desesperado é também um *fazer* em psicoterapia. A impotência é um lugar privilegiado de encontro entre o terapeuta e o cliente. Então, onde você vai se encontrar com essa mãe?

Aluna-terapeuta: Na impotência.

Virginia-supervisora: Então, vamos tentar entrar em contato com a forma com que você elabora suas intervenções [...]. Quando você teve vontade de acalmar a mãe, o que você perguntou?

Aluna-terapeuta: Perguntei: "Como você ficou sabendo?"

Virginia-supervisora: Vai adiantar ficar sabendo como essa mãe ficou sabendo da perda da virgindade nesse momento? É muito importante assumir sua impotência. Sua impotência vai fazer um vínculo. Sua onipotência [mudo a voz] em "Como a senhora ficou sabendo?" vai ampliar o contato da cliente com o que está vivendo aqui e agora? Não.

É importante investigar como nós, terapeutas, lidamos com nossa própria impotência. Geralmente é na polaridade. É querendo ficar potentes e resolver o problema da pessoa, nos sentindo o máximo. Nós todos somos assim porque vivemos em uma sociedade em que temos de ser potentes – de preferência onipotentes.

Aluna-terapeuta: Sabe a sensação que eu tenho? Que, às vezes, a pessoa chega com uma história de vida tão difícil e eu vou ficando tão lá dentro e dentro de mim que, quando ela termina de falar, eu não sei o que dizer.

Virginia-supervisora: É preciso que façamos contato com nossas fronteiras de contato. Como nós as colocamos a serviço de nossa subjetividade. Com que intencionalidade captamos o que se mostra por si mesmo. Por que você se obriga a dizer alguma coisa? Já pensou na possibilidade de o silêncio ser uma forma de estar com? O que compreendeu a respeito do conceito de presença no encontro terapêutico?

Aluna-terapeuta: Principalmente nas primeiras sessões, eu fico: "o que eu vou *fazer*?"

Virginia-supervisora: Então anote aí: *o que eu vou fazer* é a pior pergunta que um Gestalt-terapeuta pode fazer. Você não tem que *fazer*. O *fazer* envolve uma postura não necessariamente verbal. Você pode acolher a dor com o olhar, com a mudança da postura corporal etc. Não é fazer nada com ela nem por ela, é cuidar, é estar com. Um modo de cuidar que envolve o que Heidegger denomina de solicitude. Solicitude, para ele, sugere duas características básicas no relacionamento com o outro: ter consideração e paciência. Consideração, em alemão, é *rück-sicht*, que significa "vista para trás", ou seja, em vista do acontecido, se considera; paciência ou tolerância é *nach-sicht*, que, traduzido, quer dizer "vista para frente", ou seja, é um convite para que se tenha paciência em vista de algo esperado (COSTA, 2008).

Então, existe uma linha tênue entre cuidado e descuido. Cuidar do outro é deixar que ele faça por si. Descuidar do outro é fazer por ele o que ele mesmo tem condição de fazer.

☙ Início do *role-play*

Nesse momento, a aluna-terapeuta inicia seu atendimento com outra aluna, aqui denominada aluna-cliente, que assumiu o papel da cliente que eu havia atendido no consultório e cuja dinâmica estava sendo utilizada para efeito didático na supervisão.

Aluna-cliente: Obrigada por me atender, mas cê, doutora, que minha filha saiu, eu deixei ela sair pela primeira vez, e ela foi pra festa e transou com um cara. Dormiu na casa da amiga. Ela tem 14 anos. Eu não sei o que eu faço. Tô desesperada.

Aluna-terapeuta: Está parecendo mesmo, eu estou sentindo que você está desesperada.

Aluna-cliente: Nossa, eu tô muito desesperada. Eu não consigo acreditar.

Aluna-terapeuta: Qual o sentimento que vem quando você está me contando? Desespero e o que mais?

Nas primeiras supervisões, combino com os alunos de ir interrompendo para compreender o processo que emerge no campo relacional terapeuta-cliente.

CAPÍTULO 1 | O Estar Supervisora e o Acolhimento da Semente

Virginia-supervisora: Você perguntou "o que mais?". Quando eu pergunto "o que mais?", estou dizendo o quê? Que estar desesperada não é suficiente.

Aluna-terapeuta: Já pergunto e já sei a resposta [risos].

Virginia-supervisora: Quando você fala "está parecendo mesmo", ainda fica parecendo que "está parecendo mesmo". E o cliente fica pensando: "Tá parecendo? Minha terapeuta tem alguma dúvida?" Parecer significa que o cliente não está necessariamente evidenciando seu desespero, apesar de toda a manifestação corporal evidenciar tal sentimento.

Aluna-terapeuta: Eu estou percebendo seu desespero quando você me fala de sua filha. Ela saiu, você deixou ela sair pela primeira vez, não é isso? E ela saiu e transou...

Virginia-supervisora: Essa é uma possibilidade de intervenção. Consegue elaborar outras? O menos é mais. Tente novamente. Como podemos focalizar mais o sentimento do cliente aqui e agora?

Aluna-terapeuta: Eu estou percebendo seu desespero.

Virginia-supervisora: Quais são as outras possibilidades? Você está impotente? Está sem saber o que fazer como aluna-terapeuta?

Aluna-terapeuta: [risos] Estou!

Virginia-supervisora: Você também é uma pessoa que não sabe exatamente o que fazer. O que você acha de entrar em contato com seus sentimentos? Se você ficar presente mesmo, o que você diria, sem pensar muito, para essa mãe? Fale de você.

Aluna-terapeuta: Que desespero!

Virginia-supervisora: Que desespero! Essa possibilidade a aproxima de você e de seu cliente? Quando a fala é vivida, ocorre a inclusão, e a conexão na relação se fortalece.

De acordo com Ribeiro (1985), tanto na aprendizagem como na psicoterapia, a pessoa deve aprender a descobrir o maior número possível de soluções, respeitando o princípio estabelecido de que a situação deve ser sempre vista como um todo tanto pelo cliente como pelo psicoterapeuta.

Quando eu estava atendendo essa cliente, lembrei-me de minha experiência como mãe e vivenciei a inclusão. Eu disse: *"Nossa mãe, que desespero!"* Para minha surpresa, a cliente começou a descrever detalhes do que havia acontecido, detalhes que provavelmente você estaria curiosa para saber.

Ela me contou, por exemplo, que a filha havia ido a uma festa pela primeira vez e transara com o inimigo do menino de quem ela gostava, que estava desesperada, e por isso veio falar comigo.

Sugeri, então, que a supervisionanda, para dar continuidade ao *role-play*, repetisse as informações contidas na fala da mãe de modo a ampliar seu contato com o caso e para que a sessão de supervisão continuasse.

Aluna-cliente: Você acredita que aí ela foi e transou com o menininho que ela nem gostava, foi amigo do outro menino, e ela tá desesperada e veio falar comigo, e eu tô sem saber o que *fazer*. Eu tô muito desesperada. Muito desesperada.

Virginia-supervisora: Vou lhe sugerir que, ao repetir, você tente escutar algo no relato da cliente que possa "acalmá-la", que era um de seus objetivos.

Aluna-cliente: E você acredita que ela foi e transou? Nem era o menino que ela gostava, e ela veio desesperada falar comigo, e eu tô sem saber o que *fazer*. Tô muito desesperada por mim e por ela. Ela falou comigo. Não sei o que *fazer*.

Virginia-supervisora: Vocês viram o verbo *fazer*, né? Isso que engata a gente. A gente é pega pelo campo. Então, cuidado, porque existe um apelo do cliente para que a gente *faça* alguma coisa. Repita novamente: sugiro.

Aluna-cliente: E você acredita que ela foi e transou? Nem era o menino que ela gostava, e ela veio desesperada falar comigo, e eu tô sem saber o que *fazer*. Tô muito desesperada por mim e por ela. Não sei o que *fazer*.

A fala foi repetida diversas vezes, até que todos os alunos identificassem nela o que a mãe estava procurando: o *fazer* alguma coisa.

Virginia-supervisora: No meio da fala tem algo que a mãe realmente *fez* para sua filha. Se eu dou a resposta, vocês não aprendem a escutar, e essa habilidade é fundamental. Solicito que a fala seja repetida com ênfase.

Aluna-cliente: E você acredita que ela foi e transou? Nem era o menino que ela gostava, e ela veio desesperada falar comigo, e eu tô sem saber o que *fazer*. Tô muito desesperada. Ela desabafou comigo. Não sei o que *fazer*.

CAPÍTULO 1 | O Estar Supervisora e o Acolhimento da Semente

Virginia-supervisora: O que a mãe está falando sobre a relação dela com a filha? Não há nada que ela possa *fazer* em relação ao que aconteceu com ela e com o menino. Como terapeuta, em relação à filha e ao menino, eu também não tenho nada a *fazer*. Portanto, é importante ficar atento ao foco, à pessoa que está na minha frente (figura) e em sua relação com a pessoa a quem ela se refere, nesse caso a filha (fundo). Repita novamente, pela última vez, prometo! O que ela está falando a respeito dela na relação com a filha?

Aluna-cliente: E você acredita que ela foi e transou? Nem era o menino que ela gostava, e ela veio desesperada falar comigo, e eu tô sem saber o que *fazer.* Tô muito desesperada, por mim, por ela, mas minha filha falou comigo. Não sei o que fazer.

Virginia-supervisora: O que ela falou sobre ela? Nesse caso, trata-se de uma mãe que foi procurada pela filha e que provavelmente deve ter *feito* um vínculo que possibilitou que ela fosse procurada pela filha para desabafar. Ela pode não estar satisfeita – observem a palavra satisfeita. Ela pode não ter *feito* de uma maneira que seja suficiente dentro de sua medida idealizada. Mas alguma coisa sempre é *feita.* Portanto, levar a mãe a perceber que algo foi *feito* é *fazer* alguma coisa. Reestruturar seu campo vivido, trazendo como figura a atitude de escuta materna, não é diminuir seu sofrimento, mas surge como uma possibilidade de ampliar o campo perceptivo da cliente.

Dando continuidade à aula, descrevo para os alunos como a sessão prosseguiu, simulando o diálogo que tive com a cliente e acabei por assumir os dois papéis: Virginia como terapeuta e Virginia como cliente.

Virginia-terapeuta: Mãe, escuta o que você está dizendo. O que sua filha fez?

Virginia-cliente: Ela veio falar comigo.

Virginia-terapeuta: Mãe, o que você está falando de você quando você me fala que ela foi falar com você?

Virginia-cliente: [aumenta o desespero, ela chora e fala] Ela veio falar comigo.

Virginia-terapeuta: Então você deve ter alguma coisa enquanto mãe porque ela foi falar com você.

Virginia-supervisora: É importante desenvolver a escuta do terapeuta para que ouça o que foi *feito* pela mãe dentro de seus limites e possibilidades, mesmo que ela não se dê conta disso, provavelmente em função de suas interrupções de contato. É preciso desenvolver a autoescuta do cliente. Afinal, a filha foi falar com ela porque provavelmente ela deve ter desenvolvido um "entre" que possibilitou esse nível de contato.

Virginia-cliente: Mas ela veio falar comigo e não adiantou nada, porque eu não sei o que *fazer.* Eu entendo que ela veio falar comigo, mas ainda não sei o que *fazer.*

Virginia-terapeuta: Mãe, alguma coisa você já deve ter *feito* para sua filha vir falar com você. Parece que você vem *fazendo* há muito tempo.

Virginia-supervisora: Eu preciso ensinar para vocês formas possíveis de intervenção. Se você perguntar "o que você fez", ela vai começar a contar a história: "Eu fui lá etc." Ela vai ficar racional. Quando eu afirmo, enfatizando que alguma coisa já deve ter sido *feita*, abro a possibilidade de a cliente acessar emoções vividas nos 14 anos que oferecem suporte para que a filha a tenha buscado para compartilhar suas experiências sexuais.

Oferecer a essa mãe a possibilidade de contatar em sua maternidade uma presença confiável é um privilégio do Gestalt-terapeuta, uma consciência ampliada de que o aqui e agora contém o passado e o futuro.

Entretanto, essa intervenção precisa estar alicerçada na presença do terapeuta e pode ser modulada pelo tom de sua voz, pela expressão corporal, pelo olhar, enfim, pelas atitudes dialógicas e, principalmente, pela crença de que algo entre a mãe e a filha foi vivido e oferece suporte para esse nível de intimidade. O terapeuta é, no fim das contas, seu próprio instrumento de trabalho.

No caso em questão, essa atitude foi assumida durante o atendimento, quando ocorreu a reversibilidade figura-fundo. O desespero de não saber o que *fazer* (figura) foi substituído pelo contato do que foi *feito* (fundo), uma vez que a mãe acabou por relatar que, além de sua escuta, ofereceu seu colo para que a filha chorasse pelo drama vivido.

O risco do terapeuta iniciante é o de se perder e entrar no "desespero" do cliente, confluindo nessa carga emocional, inclusive por se tratar de uma temática sexual, com a qual a maioria dos alunos tem dificuldade de lidar. Entrar no desespero do que pode ter *faltado* na postura materna é perder a chance de confirmar que algo foi *feito* para que a intimidade relacional se manifestasse.

CAPÍTULO 1 | O Estar Supervisora e o Acolhimento da Semente

É preciso ter cuidado para não compreender o *fazer* apenas como sinônimo de uma atitude racional. Escutar em silêncio e oferecer o colo, atitudes tomadas pela mãe com relação à filha, foram sendo percebidas posteriormente, durante a sessão, como uma forma de *fazer* algo. Assim, é preciso que tanto o terapeuta como o cliente ressignifiquem as diversas possibilidades do significado do *fazer*.

Cliente e terapeuta poderiam ter vivenciado a sensação de impotência durante e após a sessão terapêutica, se não tivessem se dedicado à escuta primorosa do que havia sido vivido amorosamente e descrito pela mãe em seu contato com a filha durante a confissão da experiência sexual. O perigo é a escuta ficar restrita ao ato sexual. Em relação a esse aspecto, nada há realmente a *fazer*.

CONSIDERAÇÕES FINAIS

Um grande carvalho precisa mergulhar suas raízes na terra escura, porque é na obscuridade da terra que ele vai buscar forças para se manter vivo e expandir sua copa em direção à imensidão do céu. Sem raízes, nenhuma árvore permanece em pé, como nos lembra Pompeia (2004).

Estar supervisora é ser coautora do processo de desenvolvimento da semente – o supervisionando – que, acolhida pela terra fértil – o supervisor –, pode descansar suas raízes na obscuridade necessária para vir a fazer fotossíntese.

Afinal, nenhuma semente se limita a se aprofundar no solo, uma vez que é de sua natureza crescer em outras direções e buscar outros elementos dos quais necessita, trazendo todo seu potencial de poder ser, uma chance simultânea para que a semente assimile do solo e do ar nutrientes que a ajudarão a crescer, criando e desenvolvendo, ao mesmo tempo, mecanismos autorreguladores que garantam seu autossuporte.

Uma oportunidade para o supervisor adentrar a obscuridade do "não saber" e lidar com a angústia da espera no processo de germinação da semente, criando condições adequadas para que ela se concretize de forma única, criativa, sem restringir seu fruto, sem a reprodução de técnicas não assimiladas.

Uma oportunidade para que o supervisor resgate as bases filosóficas e teóricas da Gestalt-terapia e ofereça ao supervisionando a chance de assimilá-las na prática clínica.

Uma oportunidade para que a individualidade do supervisor se renda a serviço do "entre" e estabeleça um diálogo que envolva o vazio criativo, em que o desconhecido abre espaço para a manifestação de novas possibilidades de compreensão do que se manifesta, possibilitando ajustes criativos.

Uma oportunidade para exercitar o que propõe Hycner (1995, p. 58) na perspectiva buberiana: "o homem não é para ser visto 'através', mas para ser percebido de forma cada vez mais completa no seu mostrar-se e no seu esconder-se e na elação dos dois entre si."

Uma oportunidade de experienciar a fé na vida, fé no homem, a fé no que virá, como sublinha a canção "Nunca pare de sonhar", de Erasmo Carlos.

Uma oportunidade para oferecer ao supervisionando a vivência de que se conhecer é experimentar o próprio poder e os próprios limites.

Uma oportunidade para contrariar o potencial de vergonha do supervisionando e de enfatizar:

O tempo vai passar

Não se desespere nem pare de sonhar

Nunca se entregue

Nasça sempre com as manhãs

Deixe a luz do sol brilhar no céu do seu olhar...

Nós podemos tudo, nós podemos mais. Vamos lá fazer o que será, como nos pede a música de Erasmo Carlos.

REFERÊNCIAS

ANDERSSON, L. Supervision and the therapeutic relationship: What does Gestalt have to offer? Posted August 11, 2011.

BUYS, R.C. Supervisão de psicoterapia na abordagem humanista centrada na pessoa. São Paulo: Summus, 1987.

CALLIFRONAS, M.; BROCK, S. A person-centred view of the aim, goals and tasks in clinical supervision: Proposals on topics for experiential learning. British Journal of Medicine and Medical Research 2017 Feb; 19(8):1-12.

COSTA, V.E.S.M. Compreendendo o tempo vivido por adolescentes do gênero feminino com experiências de viver na rua e em abrigos. (Tese) 2008. 187 f. (Doutorado)-Programa Multiinstitucional de Pós-Graduação em Ciências da Saúde, UnB/UFG/UFMS, Goiânia, 2008.

HEIDEGGER, M. Todos nós... Ninguém: Um enfoque fenomenológico do social. São Paulo: Editora Moraes, 1981.

CAPÍTULO 1 | O Estar Supervisora e o Acolhimento da Semente

HYCNER, R. De pessoa a pessoa. São Paulo: Summus Editorial, 1995.

KRON, T.; YERUS HALMI, H. The intersubjective approach in supervision. The Clinical Supervisor 2000; 19(1):99-121.

LAMBERS, E. Person-centered perspective on supervision. In: COOPER, M.; O'HARA, P. Schmid & Wyatt The handbook of person-centered psychotherapy and counseling. New York: Palgrave, 2000: 367-78.

PACK, M. Supervision as a liminal space: Towards a dialogic relationship. Gestalt Journal of Australia and New Zealand 2009; 5(2):60-78.

POLSTER, E.M.; POLSTER, M. Gestalt-terapia integrada. São Paulo: Summus Editorial, 2001.

POMPEIA, J.A. Na presença do sentido: uma aproximação fenomenológica a questões existenciais básicas. São Paulo: EDUC-Paulus, 2004.

QUADROS, L.C.T.; ARAUJO, E.S.; SOUZA, D.S. Supervisão em Gestalt-Terapia: da delicadeza de ensinar à aventura de aprender. Rev. NUFEN, Belém, Ago 2018; 10(2):127-43.

RIBEIRO, J.P. Refazendo um caminho. São Paulo: Summus, 1985.

RIBEIRO, W. O Gestalt-terapeuta e o chacareiro. Revista de Gestalt 1991; 2(2):34-43.

SA, R.N.; AZEVEDO JUNIOR, O.; LEITE, T.L. Reflexões fenomenológicas sobre a experiência de estágio e supervisão clínica em um serviço de psicologia aplicada universitário. Rev. Abordagem Gestalt, Goiânia, Dez 2010; 16(2):135-40.

VIEIRA, E.M. Aprendizagem significativa na formação universitária: A experiência do plantão psicológico da UFPA. In: LEMOS, F., SILVA, A.; SANTOS, C. (Orgs.) Transversalizando no ensino, na pesquisa e na extensão. Curitiba: CRV, 2012: 441-52.

YONTEF, G. Supervision from a Gestalt therapy perspective. British Gestalt Journal 1996; 5(2):92-102.

YONTEF, G. Supervision from a Gestalt therapy perspective. In: WATKINS, Jr. C.E. (Ed.) Handbook of psychotherapy supervision. New York: John Wiley & Sons,1997: 147-63.

O SUPERVISOR-APRENDIZ E O ACENDEDOR DE LAMPIÕES

Beatriz Helena Paranhos Cardella

> *Porque o escuro é a angústia e a redenção.*
> *A saída só se apresenta aos olhos que se acostumam com o escuro.*
> (Nilton Bonder, 2001)

INTRODUÇÃO

> *Nenhum aprendizado dispensa a viagem. Sob a orientação de um guia, a educação empurra para fora [...]. De fato, nada aprendi sem que tenha partido, nem ensinei ninguém sem convidá-lo a sair do ninho.*
> (Michel Serres – *in* Cardella, 2002)

Ao abordar o tema "Supervisão na formação continuada do psicoterapeuta", surge espontaneamente em minha consciência a memória do *já vivido*: a experiência como supervisora ao longo de duas décadas e de terapeuta iniciante há mais de três. A figura comparece em sua faceta temporal.

Aqui e agora, em minha interioridade, as polaridades da *velha* e da *jovem* iniciam um diálogo e, acatando a figura emergente, esse será o ponto de partida e a perspectiva a partir da qual abordarei a supervisão como tema. Vale lembrar que essas polaridades estão sempre presentes no ser humano, desde seu nascimento: o velho no jovem e o jovem no velho.

Assim, é possível que a relação supervisor-aprendiz se dê entre gerações distintas e entre contemporâneos; o supervisor por vezes é mais jovem que seu aprendiz e também pode buscar supervisão mesmo sendo experiente. De qualquer modo, as polaridades *velho-jovem* e *mestre-aprendiz* se inter-relacionam e se atualizam na relação independentemente da idade cronológica.

Particularmente, sempre tive como supervisores profissionais mais velhos e experientes no ofício clínico. Minhas recordações são banhadas por uma luz tênue, como a chama de um lampião que paradoxalmente ilumina e esconde ao mesmo tempo, revelando e guardando a penumbra, o que precisa ser preservado e só pode ser contemplado ao escurecer, como a luz da lua e das estrelas.

Antes do advento da energia elétrica, acender lampiões era um ofício comum. Ao anoitecer, os acendedores saíam às ruas das cidades e levavam luz para que os passantes não se perdessem no breu da noite e se sentissem mais seguros, pois a escuridão aumentava os riscos, embora revelasse outras belezas; ao amanhecer, eles reapareciam, apagavam as chamas, se recolhiam, e a cidade inaugurava o dia banhada pela luz solar.

O acendedor de lampiões habitava crepúsculos e auroras, como velhos e jovens, respectivamente. A metáfora é *integradora* das passagens e das polaridades, contemplando múltiplas significações: juventude e velhice, inícios e fins, luz e escuridão, asas e raízes, traição e tradição, mudança e conservação, consciência diurna e noturna, entre outras.

A metáfora do acendedor de lampiões me parece interessante para abordar o *lugar do supervisor, do aprendiz e da relação entre ambos* no processo de formação de um terapeuta. Ela ao mesmo tempo revela a importância de um supervisor no caminho escuro do principiante e a vocação para iluminar os passos, preservando a possibilidade de o aprendiz enxergar na escuridão, dimensão fundamental do psicoterapeuta: a consciência lunar, como, por exemplo, a raiz, o silêncio, o escuro, o denso, o não dito, o sintético, o feminino, o noturno, o profundo, o ferido, o cuidado, a paciência, o poético, a intuição...

Ao longo de muitos anos, mas especialmente no início de meu percurso profissional, meus supervisores foram presenças fundamentais e, como o acendedor de lampiões que guia mas não ilumina excessivamente, deixaram-me a tarefa de percorrer uma trajetória singular e iluminá-la com a luz de meu próprio aprendizado, experiências, limites, potencialidades e recursos, revelados e constituídos gradualmente na relação com meus pacientes, com meu terapeuta e com o próprio supervisor.

Capítulo 2 | O Supervisor-Aprendiz e o Acendedor de Lampiões

Eles me ajudaram a me apropriar do que eu vivia na relação com os pacientes e a ampliar meu repertório existencial, favorecendo o processo de crescimento e sustentando meus passos pela noite do desconhecido e do encontro com o outro, caminhando e aguardando pacientemente o raiar do dia: o *conhecimento* e a *compreensão*.

A chama acesa por meus supervisores iluminou incansavelmente minha precariedade, vazios e obscuridades, impedindo a arrogância juvenil ou a onipotência, ainda que discretas, pois eles ali estavam para me recordar do *chão*, da condição *descalça* de um terapeuta, recordando minha profunda ignorância e me devolvendo ao húmus, à humildade, lugar ético de um terapeuta (CARDELLA, 2017).

Eles também me auxiliaram a acolher a noite, a penumbra, minha *intuição* e *reverência*, uma atitude fundamental diante do *humano,* que não pode ser capturado ou iluminado integralmente, já que é Mistério encarnado. Ajudaram-me a compreender que estar a serviço do outro significa caminhar no escuro. Ensinaram-me pelo *exemplo.* Revelaram-me a verdade da abertura ao outro, ao inédito, ao me encherem de perguntas para as quais, apesar dos anos de experiência, eles mesmos não tinham respostas. Ouvi inúmeras vezes:

- ▶ O que você percebe?
- ▶ O que você sente agora?
- ▶ Qual a sua questão?
- ▶ Vamos pensar juntos...
- ▶ A partir dos elementos que você apontou, podemos levantar uma hipótese...
- ▶ O que você compreende aqui?
- ▶ Ouça o que você falou...
- ▶ Não tenho certeza, mas vou lhe oferecer uma perspectiva diferente...
- ▶ Conte-me como você chegou a isso...
- ▶ Parece-me que...
- ▶ Sim, isso é possível; mas veja por outro lado...
- ▶ Não; não me parece ser por aí...Veja...

Ao mesmo tempo, os supervisores assinalavam a importância de estudar, dialogar com a teoria, trabalhar a partir de referências tradicionais e alcançar uma coerência e consistência epistemológica, filosófica, ética, teórica, técnica, estética e terapêutica a fim de compreender meus pacientes.

Ensinaram-me a raciocinar clinicamente. Indicaram-me textos, livros e cursos, tanto de Gestalt-terapia como de cultura geral, literatura, artes, religião e ciências.

Eles me motivaram a pensar a partir das referências da abordagem. Ora se apresentavam como professores, ora como terapeutas, orientadores, conselheiros, aprendizes, testemunhas, companhias, interpeladores, interlocutores. Acolheram minhas necessidades, oferecendo-lhes respostas e me estimulando a seguir na direção de atendê-las.

Posicionaram-se como fontes de questões e enigmas, confrontando e questionando minhas atitudes e me chamando à responsabilidade.

Recordavam-me do vínculo e dos afetos presentes tanto na relação terapêutica como no momento da supervisão. Ajudaram-me a perceber e a comunicar conflitos pessoais, polaridades ocultas, dicotomias em meu pensamento, defesas, buracos da *awareness*, qualidade do contato, modalidades de cuidado... Apontavam-me a necessidade de levar certos temas para a terapia pessoal, os quais se revelavam como obstáculos na relação terapeuta-pacientes.

Reconheciam minhas capacidades, inabilidades e limites, qualidades e equívocos, minha disponibilidade e meus pontos cegos, meu conhecimento e a necessidade de estudar e me aprofundar mais em determinados temas ou perspectivas.

Esse espelhamento da *alteridade* é árduo e vital, e contribui enormemente para o nascimento e o crescimento de um terapeuta. Trata-se de uma forma de cuidado.

Por outro lado, como supervisora, a tarefa de acender uma pequena luz nos caminhos dos aprendizes que hoje acompanho representa a colheita desse percurso. Talvez minha capacidade empática, aliada à sensibilidade para compreender e acolher as agruras dos inícios e à reverência ao que ignoro e desconheço, seja um dos caminhos possíveis para estabelecer um vínculo de confiança com os aprendizes. Tenho a impressão de que eles percebem que me interesso mais pelo que é *verdadeiro* do que pelo que é *certo*, mais pelas *perguntas* do que pelas *respostas*, acolhendo diferentes possibilidades de compreensão, considerando que minha perspectiva é apenas e tão somente *uma* perspectiva possível. É mais uma *alter-visão* do que uma *super-visão*.

Nesse sentido, os aprendizes me ensinam e me recordam de que sempre é tempo de recomeçar e aprender, que o início guarda a sabedoria do fim, que a ignorância é lugar ético também do supervisor; além disso, os aprendizes são portadores da Esperança para seu supervisor: provocam surpresa, espanto e encantamento, bem como revelam o inédito, o criativo, o horizonte, o porvir. Os aprendizes lapidam meus recursos e me reinventam, impedindo o risco do conforto e da acomodação no já conhecido: são meus Mestres.

Nesse contexto, o acendedor de lampiões se assemelha ao mestre das tradições orientais e xamânicas quanto à tarefa de *iluminar* e *inspirar* o caminho do aprendiz, que deverá

CAPÍTULO 2 | O Supervisor-Aprendiz e o Acendedor de Lampiões

criá-lo e trilhá-lo de modo próprio, aprendendo a ver na penumbra, desvelando a coragem de enfrentar riscos e assumindo a responsabilidade por seu próprio crescimento.

Em psicoterapia, *o aprendiz deverá ser ao mesmo tempo capaz de honrar uma tradição e fazê-lo de modo próprio, singular, ou seja, traindo-a, transgredindo-a*. Esse é o paradoxo que o tornará mestre em seu ofício: sustentar a tensão entre a Tradição e a Traição (a Conservação e a Mudança). Não há mestria sem aprendizado. O ensinamento precisa ser encarnado e reposicionado pelo aprendiz, tornado *experiência*, saber de ofício.

O conhecimento sempre nos faz deslizar de volta à ignorância, no embate de luz e sombra. O mestre sabe o que sabe e o que não sabe. O aprendiz não sabe o que sabe nem o que não sabe. O mestre é *pergunta ambulante*; o aprendiz, também. Essa condição de *abertura* os aproxima, os une em comunidade de destino, condição ontológica do ser humano, o anseio do Encontro.

O mestre não se deixa seduzir pelas respostas que encontrou e continua sua peregrinação. Ele é o aprendiz diferentemente posicionado.

O aprendiz, por sua vez, pressente o mestre em seu horizonte e por isso empreende sua busca. Paradoxalmente, se tudo correr bem, torna-se o mestre que já é em potencialidade. Atualiza seu futuro na relação com o mestre, companhia na escuridão entre os passos inseguros de seu *vir-a-ser*. O mestre é *Confiança (raiz/lugar)* e sustenta sua *Esperança (asa/horizonte)*.

É fundamental que o aprendiz saiba se render à escuridão, nos passos lentos que ela impõe, reconhecendo a importância da disciplina e da tradição que ilumina seu caminho não para privá-lo de sua liberdade, mas, ao contrário, para viver a experiência de *lugar*, criando raízes profundas e fincando seus pés firmes no chão para que possa alcançá-la e alçar voos plenos em direção ao *horizonte* de si mesmo. Assim, será capaz de se posicionar diante da tradição de modo *próprio*. Terá se tornado Mestre.

Como nos aponta Herrigel (1983, p. 51):

> Longe de querer despertar prematuramente o artista, o mestre considera como sua missão primordial converter o discípulo num artesão que domine profundamente o ofício [...] para descobrir, com o passar dos anos, que o domínio perfeito da arte, longe de oprimir, libera.

Recordo-me de D. Juan, o conhecido xamã tão caro aos Gestalt-terapeutas e mestre de Carlos Castañeda, que dizia ao aprendiz, ao caminhante, que não há caminho, que o caminho se faz ao caminhar.

☾ 27 ☽

Nessas tradições ancestrais, o mestre ilumina a noite e aponta para a lua; o aprendiz precisa transcender ao natural fascínio pelo sol, que pode cegá-lo, e apreender a coragem de caminhar na noite, acolhendo o Mistério que naturalmente desembocará no dia. Um mestre habita *fronteiras*: é um habitante do lusco-fusco.

A partir dessas metáforas, podemos compreender que o supervisor é ao mesmo tempo o que acende e modula a chama, o lampião, o pavio, o fluido. O aprendiz, também. Sua tarefa é trabalhar para criá-los artesanalmente e, paradoxalmente, encontrá-los *em si*. No entanto, o mistério do fogo, da luz e da escuridão não pertence ao acendedor de lampiões nem aos caminhantes.

O supervisor recorda ao aprendiz esses mistérios da existência para que ele possa reconhecê-los, habitá-los, honrá-los e compartilhá-los, tornando-se, assim, um *servidor*, um acendedor de lampiões, alimentando a chama que torna possível o encontro humano entre as luzes e as sombras do caminhar pela vida e pelo ofício.

CONTRIBUIÇÕES DO MODELO ORIENTAL PARA O PROCESSO DE SUPERVISÃO

Observai a pá nas minhas mãos vazias.

(Ditado Zen)

É conhecida a influência do pensamento oriental na Gestalt-terapia e na história de Fritz Perls e colaboradores. Sabemos de sua importância para a noção de polaridades, pensamento diferencial, paradoxo, *awareness* e mudança.

Como assinala Herrigel (1983, p. 53):

> [...] a psicologia da *Gestalt* dá tanta importância ao zen-budismo e à teoria taoísta do *wu-wei* (vontade passiva, vazio pleno). Os Gestalt-terapeutas, a exemplo do "mestre" Frederick Perls, levam seus pacientes a fecharem a *Gestalt*, isto é, a uma visão integradora da sua circunstância, sem a perda dos detalhes, bem como a fertilizarem o vazio (*sunyata*), impedindo que ele cresça e se intrometa na vontade...

O pensamento oriental, especialmente o Zen-Budismo e o Taoismo, também podem oferecer importantes contribuições para a compreensão do processo de supervisão e da relação supervisor-aprendiz.

CAPÍTULO 2 | O Supervisor-Aprendiz e o Acendedor de Lampiões

É característica do modelo oriental a relação entre mestre e aprendiz, a transmissão oral de ensinamentos de uma arte, ofício ou prática espiritual. O aprendizado acontece como *experiência* na relação entre o mestre e o aprendiz, que revelará e atualizará potencialidades de ambos em seu processo de transformação e ampliação da consciência.

Em geral, nas culturas orientais esse modelo relacional de aprendizado e crescimento permanece não apenas nos caminhos de iniciação espiritual do Zen, do Budismo, do Taoismo e do Hinduismo, como também na vida cotidiana do cidadão comum. Na Rússia, por exemplo, é conhecida a relação entre o *Starets*, o velho sábio (que pode ser um jovem ou um monge) e as pessoas do povo. Há também na tradição judaica, uma das raízes de nossa abordagem, a relação entre o rabino e o discípulo, tão bem narrada por Martin Buber em suas *Histórias do Rabi* (2012), importante referência do pensamento hassídico e da sabedoria ancestral judaica.

Nessas culturas, o conhecimento, as tradições culturais e espirituais e as práticas de *self*, ou seja, de transformação do *si mesmo*, acontecem no convívio entre mestre e aprendiz, em uma relação dialógica que não se resume à transmissão do conhecimento acumulado, mas se caracteriza pela busca do crescimento pessoal, a ampliação da consciência e a iniciação em uma arte, ofício ou caminho espiritual.

Uma das características do modelo oriental de ensino-aprendizagem em diferentes culturas é a revelação da tradição e da ancestralidade como facetas ontológicas, dimensões do *ethos* humano. Essas dimensões são incorporadas e atualizadas pelo mestre, que encarna a sabedoria ancestral, colhida na história da humanidade, singularizada e alcançada em sua trajetória (o velho), e busca *despertar* no aprendiz (o jovem) a consciência de suas potencialidades, abrindo as possibilidades de *realização*.

O mestre/velho e o aprendiz/jovem formam uma unidade, uma totalidade, e se configuram como polaridades da consciência, como explicitado mais adiante.

Lembremos que, além de uma profissão, a psicoterapia é um *ofício*. Em geral, o supervisor é um profissional mais velho, considerado na comunidade, um mestre do ofício. Embora a palavra *velho* carregue diferentes conotações negativas em nossa cultura *gerontofóbica* e *tanatofóbica*, tomo aqui a palavra em seu sentido originário; o *espírito velho* significa *largo, grande e profundo*.

No mundo contemporâneo é evidente a idolatria da juventude e do *espírito juvenil*, ao passo que o velho é considerado obsoleto, ultrapassado, rígido, desvalorizado, inútil. Costumamos substituir a palavra *velhice*, por exemplo, por *terceira-idade* ou *melhor-idade* de modo a "maquiá-la", e com isso perdemos seu real significado.

଼ 29 ଼

A exclusão do velho significa a morte da Tradição, os desenraizamentos, a perda da consciência histórica e da memória do humano. Nesse contexto, o jovem perde seu horizonte existencial e tende a despencar em um niilismo, como tão bem ilustrou o mestre russo Fiodor Dostoiévski (2008) no drama sobre o *parricídio Os irmãos Karamazov*, profetizando, em meados do século XVIII, a problemática contemporânea.

Aqui, ao me referir ao supervisor como *mestre/velho*, destaco a importância, no mundo contemporâneo, de restaurar elementos do *ethos* humano, como a ancestralidade, a historicidade e a temporalidade. Então, farei uso das palavras *mestre/velho* como polaridades e potências: a raiz, o vivido, a sabedoria, a calma, a contemplação, a paciência, a disciplina, a simplicidade, a autoridade, a solitude, a quietude, a organização, a colheita, a reflexão, a história, a lentidão, a consciência da fragilidade e da finitude, a serenidade, o afeto profundo, a humildade, a conservação etc.

O velho é aquele que inspira o jovem em seu percurso, recordando-o do fundamental. É nessa perspectiva que a imagem poética do acendedor de lampiões revela seu rosto *velho*: crespuscular, lunar e outonal.

Já a polaridade do *aprendiz/jovem* desvela as potências: o início, a aventura, o brincar, o sonho, o vigor físico, o entusiasmo, a flexibilidade, a criatividade, o fluxo, o porvir, a alegria, a inocência, a liberdade, a curiosidade, o encantamento, a mudança... O jovem recorda ao velho a contínua transformação. Essa polaridade está relacionada com a consciência do principiante: matinal, solar e primaveril.

Em sua polaridade *velho*, o jovem é capaz de ser disciplinado, sábio, perseverante, determinado e responsável, enquanto o velho, em sua polaridade *jovem*, corre riscos, se aventura, cria, liberta, recomeça e aprende; acolhe sua ignorância sem se sentir narcisicamente ameaçado.

No funcionamento saudável, há um trânsito entre as polaridades *velho-jovem*. A conservação e a mudança, desde que não dicotômicas, representam o próprio ritmo e o fluxo do viver em quaisquer idades: são ajustamentos criativos.

Em caso de dicotomia e cristalização das polaridades *velho-jovem*, deparamos com o que os estudiosos sobre o tema denominam *velho senil* e *puer aeternus*, formas de adoecimento e estancamento do processo de crescimento, o qual só pode acontecer com o livre fluxo entre as polaridades. O *velho senil* é rígido, orgulhoso, ressentido, amargo e autoritário, características que também podem estar presentes no jovem. O *puer aeternus* é infantil, irresponsável, instável, superficial, arrogante, egocentrado e individualista, o que também pode ser manifestado pelo velho.

CAPÍTULO 2 | O Supervisor-Aprendiz e o Acendedor de Lampiões

Paradoxalmente, é importante compreender, inclusive, que a mudança, quando cristalizada, é um tipo de conservação disfuncional, e que a conservação pode ser uma forma de mudança. Como nos diz o poeta Arnaldo Antunes, envelhecer, hoje, é estar na *contramão* da cultura.

A partir dessas considerações é possível assinalar que tanto o supervisor como o aprendiz carregam em seu modo de ser esse jogo de forças, inter-relacionando e se atualizando no encontro e no processo de supervisão.

O caminho da existência é ao mesmo tempo inédito e já trilhado pelos que nos antecederam. Isso significa que somos a singularização da história humana.

É papel do supervisor acolher o aprendiz, enraizando-o na tradição, no conhecimento acumulado acerca do ofício, e na sabedoria ancestral, ou seja, na colheita oferecida pela experiência de um terapeuta *realizado* (no sentido de real), mas não completo – lembremos que a singularidade só pode emergir em comunidade, em uma tradição, ou seja, o *eu* só se constitui na presença do *outro*. A ancestralidade é dimensão ontológica, é faceta do campo, e se atualiza na relação supervisor-aprendiz.

O supervisor é comunidade de destino para o aprendiz, a dimensão dialógica, o *nós existencial*, inserindo-o na história, incluindo-o em uma comunidade. Em comunidade, a singularidade do aprendiz pode se realizar e, no contexto do ofício terapêutico, isso equivale a alcançar um *estilo pessoal*. Vale lembrar que o novo, o inédito, é sempre um reposicionamento do tradicional, uma *recriação*. O estilo é polifônico, dialógico, composição singular de diferentes vozes; portanto, acontece em comunidade de destino.

Nessa perspectiva, o modelo *dicotômico* de relação professor-aluno, por exemplo, prescinde muitas vezes da dimensão ancestral em sua faceta ontológica: o professor transmite conhecimento acumulado e o aluno é um mero depositário, ou o aluno é o centro do processo de aprendizagem e o professor, sua periferia e acompanhante, gravitando em torno do aprendiz. No primeiro modelo há raízes, mas não há asas; no segundo há asas, mas não há raízes. Não há inteireza, integração, fluxo nem diálogo. Ambas as perspectivas se inserem no que Buber (1974) denominou de relação *Eu-Isso*. Não há possibilidade nem disponibilidade para o encontro, a relação *Eu-Tu*.

Há uma forma de subserviência do aluno ao professor, ou vice-versa, uma relação de poder *sobre* o outro e o esquecimento do fundamental. Há uma evitação da *hierarquia dada pela tradição* e uma má compreensão de seu significado ontológico. Há uma idolatria da subjetividade e um esquecimento da *inter* e da *transubjetividade*.

രു 31 ଅ

Essa confusão é encontrada nos dias atuais; no contexto escolar, por exemplo, se prescinde da autoridade do professor, confundindo-a com autoritarismo e reduzindo-a a um mero exercício de poder. Em nome da pretensa e equivocada liberdade e criatividade do aluno, essa perspectiva está esquecida das raízes e da ancestralidade. Por outro lado, observamos também a tentativa de ajustar e moldar o aluno, privando-o da possibilidade de recriar. Essa perspectiva está esquecida da criatividade. Nos dois casos há uma dicotomia entre criatividade e ajustamento, conservação e mudança.

Buber (2012, p. 33) assinala essa dicotomia no mundo contemporâneo:

> Somente em épocas de decadência de um universo espiritual é que ensinar, mesmo no mais alto nível, é considerado uma '"profissão"; em épocas de florescimento, assim como os aprendizes de um ofício vivem com seu mestre, os discípulos vivem com o seu e "aprendem", em sua atmosfera vital, pela vontade e sem ela, toda sorte de coisas, coisas da prática, coisas da vida.

Em sua dimensão ontológica, ensinar-aprender é desenvolver o ser humano em sua totalidade e acontece como diálogo, como polifonia, como relação e possibilidade do encontro. Nem o mestre nem o aprendiz são o centro do processo, mas a relação, o paradoxo, o encontro, a alteridade. Não há mestre sem aprendiz e não há aprendiz sem mestre. Ambos ensinam e aprendem um com o outro. Não há criação sem tradição e não há tradição sem criação. Se o passado (o vivido) é destruído, não há futuro (o não vivo). O futuro sem passado é uma arrogância frágil. O passado sem futuro é um orgulho estéril. O presente (o vivo) é atualização, integração de ambos, quando *Kronos* (o tempo cronológico e cíclico) e *Kairós* (o tempo existencial) fazem sua dança, tornando o *agora* um *tempo vivo*.

Nessa perspectiva, o mestre está desde sempre presente no aprendiz, e vice-versa. Ambos estão em processo de crescimento, são incompletos, inacabados e abertos ao outro. O mestre é sempre aprendiz e o aprendiz, pode se revelar um mestre ao trilhar o caminho de uma disciplina que amplia e aprofunda sua consciência e refina uma arte ou ofício.

> A relação [entre mestre e aprendiz] é a sua mais intensa concentração. Nesta relação, a reciprocidade se desenvolve no sentido da máxima clareza. O mestre ajuda os discípulos a se encontrarem e, nas horas de depressão, os discípulos ajudam o mestre a reencontrar-se. O mestre inflama as almas dos discípulos, e eles o rodeiam e o iluminam. O discípulo pergunta e, pela forma de sua pergunta, evoca, sem o saber, uma resposta no espírito do mestre, a qual não teria nascido sem essa pergunta (BUBER, 2012, p. 25).

CAPÍTULO 2 | O Supervisor-Aprendiz e o Acendedor de Lampiões

O ditado oriental "Se encontrar um Buda em seu caminho, mate-o" é muitas vezes mal compreendido. Durante o movimento de *contracultura* houve uma ruptura com a noção de tradição, o que acarretou avanços e retrocessos no processo civilizatório, cultural e educacional, cujas influências positivas e negativas são observadas até os dias atuais. Se nos tornamos mais livres, estamos mais esquecidos das raízes, o que se configurou em uma nova polarização.

A consequência dessa cisão é a perda do pertencimento, das raízes, da criatividade, do sentido, a confusão entre o novo e a novidade, a violência na relação professor-aluno, o desencontro e o distanciamento entre pais e filhos, velhos e jovens, a isenção de responsabilidade, a permissividade, o autoritarismo, o individualismo e até a barbárie.

A dicotomia que se estabeleceu até mesmo nos ambientes educacionais e terapêuticos levou-nos a prescindir da tradição, e não de seus aspectos cristalizados e/ou sombrios, o que é um equívoco; nesse sentido, as culturas orientais e sua reverência ao velho e ao tradicional nos ajudam a recordar que é somente a partir da destruição *simbólica* da tradição (seu reposicionamento) e não da destruição *literal* (seu esquecimento) que a singularidade pode emergir. Aliás, essa também é uma das características do mundo contemporâneo: a morte do simbólico. Precisamos lembrar que não há o novo senão diante do velho: a consciência histórica ilumina o agora e inspira o porvir.

Assim, a tradição, simbolizada na figura do mestre, precisa ser encontrada, conhecida, assimilada e honrada pelo aprendiz em um reposicionamento *pessoal* diante do *tradicional.* Paradoxalmente, essa é a experiência da traição, da transgressão, da *re-criação.* Isso leva o aprendido a se diferenciar de mera introjeção, repetição e memorização (necessárias, mas não suficientes) e ser enraizado na experiência do aprendiz, tornando-se um saber tácito, um saber de ofício, um ajustamento criativo.

Por sua vez, o mestre precisa suportar "desaparecer", não ser mais necessário, desocupar o lugar, voltar ao princípio transformado. Só os verdadeiros mestres toleram a realidade de que se tornarão desnecessários, e isso se dá quando dialogam e abraçam a *morte.* O aprendiz supera o mestre, "mata-o", realiza sua destruição simbólica (encontra-o *em si*). Essa é a revelação de que ambos cumpriram sua tarefa arquetípica e seu destino ontológico.

Por isso, a relação entre mestre e aprendiz, a consciência e a integração das polaridades, é um caminho de crescimento trilhado e compartilhado. O aprendiz cresce para cima; o mestre cresce para baixo, encolhe, desce da montanha de seu conhecimento e de sua sabedoria e volta ao húmus, ao pó. O aprendiz, por meio da relação, se constitui,

 G 33 ಎ

torna-se o *mundo*; o mestre se destitui, torna-se seu princípio fundamental: o *horizonte*, o vazio fértil que guarda a plenitude. Para o aprendiz acontecer, o mestre precisa "morrer" e não *inexistir, nem ser esquecido*. Ele é alcançado na própria interioridade do aprendiz como polifonia, como diálogo, e também "morrerá" adiante, ao deixar heranças. O que se configurava como horizonte é atualizado e se alarga em direção ao Mistério Vazio.

Assim, esse modelo pode oferecer contribuições para a compreensão e a reflexão sobre a relação supervisor-aprendiz, favorecendo o desenvolvimento do terapeuta, um eterno aprendiz de seu ofício, que está sempre recomeçando, que é seu próprio instrumento. Sem a disciplina de uma prática de *self*, como são a supervisão e a psicoterapia, o terapeuta dificilmente acontece.

Retomo, então, a metáfora do acendedor de lampiões. Ela nos faz recordar a disciplina envolvida no ofício terapêutico para transitar entre as forças solares (*yang*) e lunares (*yin*) que tudo habitam nos ciclos incessantes da experiência humana, como no *Tao*. É tarefa do supervisor auxiliar o aprendiz a reconhecer e a transitar entre as polaridades e a se sustentar, tanto em sua experiência pessoal como profissional, em muitos paradoxos, como os listados a seguir:

- A consciência diurna e a consciência noturna.
- A horizontalidade e a verticalidade.
- A consciência do chão e das passagens, pontes, fronteiras.
- O conhecido e o desconhecido.
- O significado e o sentido.
- O discurso representacional e a fala metafórica, simbólica, apresentativa e poética.
- A força e a fragilidade.
- O sofrimento e a sabedoria.
- A razão e a sensibilidade.
- A potencialidade e a realização.
- A tradição e a traição.
- As raízes e as asas.
- O ajustamento e a criatividade.
- O cuidado de si e do outro.
- O masculino e o feminino.
- O conhecimento e a ignorância.
- A confiança e a esperança.

CAPÍTULO 2 | O Supervisor-Aprendiz e o Acendedor de Lampiões

- A voz e o silêncio.
- A presença implicada e a presença reservada.
- O vivido, o vivo e o não vivo.
- A liberdade e a responsabilidade.
- A singularidade e a comunidade.
- A união e a separação.
- A reflexão e a contemplação.
- A análise e a síntese.
- A teoria e a experiência.
- A técnica e a pessoalidade.
- O vínculo formal e o vínculo afetivo.
- Os recursos e os limites.
- O mestre e o aprendiz.
- O terapeuta e o paciente.
- O curador e o ferido.
- O velho e o jovem.

Essas polaridades, entre outras, se inter-relacionam e se interpenetram; revelam-se na construção de um psicoterapeuta e na relação supervisor-aprendiz. Elas serão atualizadas nas sessões de supervisão, e cabe ao supervisor dar-lhes passagem, acolhendo-as, favorecendo seu fluxo e aceitando os paradoxos.

A dimensão dialógica, do *entre*, é o que possibilitará a confiança necessária para transcender o risco das dicotomias entre essas polaridades, as quais representam um desserviço ao aprendiz e se constituem em mero exercício de poder do supervisor, que passa a funcionar como espelho narcísico em vez de um espelho de alteridade.

Segundo minha experiência, esse cuidado me impede de estabelecer uma relação de poder *sobre* o iniciante, uma tirania do cuidado e uma dicotomia entre as polaridades do mestre e do aprendiz, tornando-me sensível para perceber que os aprendizes compreendem seus pacientes e o processo terapêutico de uma perspectiva própria, única, mais sensível e muitas vezes mais amadurecida que a minha. Eles têm conhecimentos que eu não tenho, viveram experiências que eu não vivi e carregam uma sabedoria obtida a partir do próprio sofrimento, e eu posso aprender *com* eles. Seu estilo pessoal e singular é, para mim, experiência do Mistério, ao mesmo tempo de espanto e encanto.

Oferecer orientação ao iniciante dá sentido ao caminho percorrido e é uma forma de deixar uma herança para as futuras gerações, compartilhando frutos, inspirando e iluminando os passos do aprendiz a partir da confiança e da raiz na tradição. Esse gesto abre horizontes para o aprendiz, dá-lhe esperança. Ajuda-o a transformar potencialidade em realização através do olhar que confirma a árvore presente na semente, o potencial emergente que busca realização. O supervisor é também uma espécie de jardineiro, uma vez que cultiva, poda, fertiliza, para que o mistério do florescimento e da frutificação siga seu curso.

Por outro lado, cada florescimento do aprendiz recorda ao supervisor seu trabalho digno e renova suas esperanças; inspira-o a estudar, a se renovar, a se rever, se examinar, transformar, desaprender, a despeito dos anos de experiência e de sua competência arduamente alcançada. O aprendiz recorda o supervisor de que ele também é incompleto, inacabado, o que me remete a Barthes:

> Há uma idade em que se ensina o que se sabe, mas vem em seguida outra, em que se ensina o que não se sabe: isso se chama pesquisar. Vem talvez agora a idade de uma outra experiência, a de desaprender, de deixar trabalhar o remanejamento imprevisível que o esquecimento impõe à sedimentação dos saberes, das culturas que atravessamos.
>
> Essa experiência tem, creio eu, um nome ilustre e fora de moda [...] *Sapientia: nenhum poder, um pouco de saber, um pouco de sabedoria e o máximo de sabor possível* [grifo meu] (*in* CARDELLA, 2002, p. 179).

A presença reservada do supervisor que sustenta o caminho do aprendiz, seu *vir-a-ser*, é uma forma de testemunho. Só quando temos testemunhas é que nos tornamos *reais*, especialmente em um ofício como o da psicoterapia, caracterizado pela solidão da consciência, o vínculo afetivo com os pacientes, a impossibilidade de compartilhamento das experiências em razão do imperativo ético do sigilo, a imensa responsabilidade envolvida, o constante deslocamento das referências e a grande turbulência emocional presente no cotidiano clínico.

Convém assinalar que o terapeuta é um profissional que precisa estar aberto para uma aprendizagem contínua, pois ninguém é *expert* em experiência humana. Cada novo paciente exigirá uma consciência de principiante, o que significa abertura e sustentação da própria ignorância diante de um ser humano desconhecido e singular.

A partir desta reflexão sobre a relação supervisor-aprendiz, serão discutidos a seguir os objetivos e as dimensões do trabalho, descrevendo, de modo geral, as características de uma sessão de supervisão.

CAPÍTULO 2 | O Supervisor-Aprendiz e o Acendedor de Lampiões

OBJETIVOS E DIFERENTES DIMENSÕES DA SUPERVISÃO

Considero que os principais objetivos do trabalho de supervisão são:

1. Facilitar o crescimento do psicoterapeuta, ampliando as possibilidades de conhecimento, compreensão e acolhimento dos pacientes no exercício de seu ofício.

2. Favorecer o desenvolvimento de um estilo pessoal a partir de seu modo de ser singular, tornando-se seu próprio instrumento.

3. Auxiliá-lo a desenvolver habilidades e manejos clínicos necessários ao bom andamento do processo terapêutico e compatíveis com a abordagem e seus fundamentos.

4. Ajudá-lo a alcançar o cuidado ético de seus pacientes, ou seja, aparecendo como *pessoa* e se colocando disponível na relação, em um processo contínuo de humanização.

5. Recordá-lo das dimensões ontológicas do humano que, em uma abordagem fenomenológica-existencial como a Gestalt-terapia, é fundamental para que o terapeuta alcance a compreensão ontológica de seus pacientes, recordando-os como seres humanos – sensibilizar o aprendiz para a sabedoria presente na experiência de sofrer de seus pacientes e para o acolhimento da verdade da condição humana presente no sofrimento.

6. Contribuir para seu crescimento pessoal e ampliação do repertório existencial.

7. Ampliar a *awareness* acerca de impedimentos, pontos cegos e dificuldades em seu dinamismo pessoal e relacional que afetam o livre fluxo da relação terapêutica e a efetivação do cuidado, apontando a necessidade de trabalho pessoal nas questões mobilizadoras.

8. Apontar a necessidade e orientar o aprendiz no aprofundamento do estudo da psicologia e das ciências humanas e do diálogo com outros saberes, bem como da abordagem terapêutica, abrindo sua mente para a busca do conhecimento representacional e ajudando-o a integrá-lo à sua experiência. Ajudá-lo a se apropriar de seu saber tácito.

9. Oferecer possibilidades experienciais a partir da atualização de suas questões na relação com o próprio supervisor, de modo a ampliar a *awareness* e a qualidade do contato.

10. Sustentar o aprendiz no caminho profissional, fazendo-se companhia e testemunha, de modo que seja possível transformar gradualmente o *heterossuporte* em *autossuporte*, para que as transformações necessárias aconteçam e ele se torne mestre em seu ofício. Abrir a esperança do aprendiz.

ᘓ 37 ᘔ

SUPERVISÃO EM GESTALT-TERAPIA
O cuidado como figura

A partir dos objetivos traçados será possível enumerar as dimensões do trabalho de supervisão que precisarão ser contempladas na relação com o aprendiz e as respectivas temáticas:

1. **Iniciática:** os ritos, os princípios fundamentais, a vocação, a suspensão de si e as tradições do ofício – inserir o aprendiz na comunidade.

2. **Didática:** o conhecimento da abordagem em seus registros filosóficos, epistemológicos, teóricos, técnicos e terapêuticos; a biografia, o raciocínio clínico, o processo diagnóstico; a análise, a síntese, o paradoxo; o manejo clínico; o uso de técnicas: os exercícios e os experimentos; a condução das sessões, a fluidez e os entraves do processo; os significados e os sentidos; o manejo de crises etc.

3. **Ética:** a hospitalidade oferecida ao paciente, a noção e as ações de cuidado a partir do *ethos* humano, e o confronto com a alteridade como vocação do psicoterapeuta; o lugar ético na relação com cada paciente; o contrato terapêutico; o estabelecimento de redes de cuidado ao paciente quando necessário; a presença implicada e a presença reservada; a alternância de cuidado na relação terapeuta-cliente; as perversões do cuidado: cuidado técnico, mecânico, tirânico ou impessoal.

4. **Terapêutica:** o crescimento, os recursos, as potencialidades, os limites, os conflitos e as dificuldades pessoais; as reações *contratransferenciais*; as defesas; o exame da própria interioridade e as intervenções a partir da própria experiência no contato com o paciente; o encaminhamento de temas e questões à terapia pessoal.

5. **Experiencial:** a atualização das problemáticas na relação com o supervisor no aqui e agora, a corporeidade e a *awareness* da experiência na sessão de supervisão.

6. **Dialógica/relacional:** o fluxo entre as polaridades na relação, o diálogo, a comunicação verbal e não verbal, os afetos presentes na relação supervisor-aprendiz, os padrões relacionais, os anseios de encontro, as experiências de desencontro, a presença e a ausência na fronteira de contato, a qualidade do contato; identificar os indícios do campo para a compreensão da relação terapeuta-paciente.

7. **Ontológica:** a recordação dos fundamentos do humano e a sustentação na condição humana.

C8 38 80

CAPÍTULO 2 | O Supervisor-Aprendiz e o Acendedor de Lampiões

SESSÃO DE SUPERVISÃO: ACENDENDO O LAMPIÃO

O Mestre não se contém e procura, nas costas do seu discípulo,
prenúncios de asas – asas que ele imaginara haver visto dentro dos seus olhos.
O Mestre sabe que todos os homens são seres alados por nascimento e que só se esquecem da
vocação pelas alturas quando enfeitiçados pelo conhecimento das coisas já sabidas.
Ensinou o que sabia. Agora chegou a hora de ensinar o que não sabe.

(Rubem Alves)

A fim de ilustrar meu modo de trabalhar com os aprendizes, cito a seguir algumas das inúmeras ações e intervenções comumente presentes na sessão de supervisão, lembrando que este é um modelo de trabalho básico e geral, recriado a cada encontro, e que se configura como um momento único, como uma sessão de terapia.

Vale destacar que a sessão de supervisão pode ser individual, em dupla, trio ou em grupo, cada modalidade apresentando suas especificidades, levantando possibilidades e exibindo limites diferentes. Em busca de síntese, neste capítulo será abordada uma sessão individual.

Em geral, solicito que os terapeutas iniciantes tragam para a supervisão um resumo por escrito do caso, o que em si é muito fértil, pois auxilia o terapeuta a organizar seu raciocínio, dar-se conta de problemáticas importantes, refletir e se apropriar de suas intervenções, revelar dúvidas e lacunas de compreensão, além de nomear processos, possibilitando incorporar o conhecimento teórico à experiência. O relato por escrito é também uma prática de *self*.

Em geral, no início da sessão abro a possibilidade para o aprendiz dizer algo sobre si: como está e o que tem vivido, trabalhado, pensado e sentido. Em geral, a pessoa revela algo de sua vida pessoal e cotidiana, ainda que superficialmente. Trata-se de uma aproximação inicial e um modo de estabelecer o diálogo para que ela se posicione no campo da supervisão a partir de si, de suas experiências e do momento atual, e possa perceber mais tarde esse mesmo campo na relação com seu paciente e no exercício do papel de terapeuta.

Em um segundo momento, observo que o terapeuta caminha espontaneamente em direção à questão e ao paciente com quem pretende trabalhar. Peço que me ofereça um nome, ainda que fictício, a idade e o tempo de terapia e, se desejar, apresente seu relato por escrito.

SUPERVISÃO EM GESTALT-TERAPIA
O cuidado como figura

Essas referências são importantes por me ajudarem a compreender o percurso vital do paciente, suas tarefas existenciais, a fluidez ou o estancamento do processo de crescimento, o campo em que está inserido e o momento da terapia, informação relevante e fundamental para orientar o manejo clínico do terapeuta. O tempo de terapia indica, muitas vezes, o *autossuporte* do paciente e o estabelecimento do vínculo de confiança necessários para se trabalhar com situações problemáticas mais profundas e complexas, respeitando o ritmo, o fôlego psíquico e a possibilidade do paciente de ressignificar experiências.

Em seguida, solicito que o terapeuta relate resumidamente a queixa principal e o que considera ser os principais acontecimentos da biografia do paciente, bem como a configuração de suas relações parentais e familiares nas diferentes etapas de sua vida. É muito importante que o terapeuta vá se apropriando dos padrões relacionais estabelecidos e dos acontecimentos significativos na vida do paciente, onde provavelmente se encontram as situações inacabadas, os sofrimentos e adoecimentos presentes na relação terapêutica, assim como as defesas constituídas, os ajustes criativos, funcionais e disfuncionais, e o modo de ser do paciente.

Nesse momento, costumo permanecer muito atenta não apenas *ao que* o terapeuta diz, mas *como* ele narra sua experiência, e busco acolher minha própria experiência na relação com o terapeuta, o campo relacional da supervisão. Solicito, então, que ele explicite a *questão* que o trouxe à supervisão, um momento geralmente importante da sessão: o terapeuta elege *a figura do encontro* a partir da mobilização do fundo; precisa se examinar e se conscientizar de sua pergunta, dúvida, dificuldade, entrave, conflito, temor, ignorância, enfim, do que conhece e do que desconhece na relação com seu paciente.

A partir da figura que emerge, conduzo o diálogo, priorizando uma ou mais das dimensões descritas previamente. Essas dimensões estão presentes de maneira integrada, mas é importante identificar a *prioridade* na hierarquia de necessidades do aprendiz, lembrando sempre que está a serviço de seu paciente e da relação com ele.

Quando o terapeuta não consegue formular sua questão, procuro, a partir de uma função especular, ajudá-lo a dar um contorno à figura, o que em si costuma ser bastante fértil.

A questão formulada pelo terapeuta está geralmente relacionada com a compreensão diagnóstica, o manejo clínico, a relação terapêutica ou com o processo ao longo do tempo, além de ocorrências específicas e impasses na sessão. As psicopatologias graves e os clientes difíceis costumam ser o foco de muitos encontros.

Capítulo 2 | O Supervisor-Aprendiz e o Acendedor de Lampiões

Por vezes, emergem questões pessoais que interferem claramente na condução do trabalho. Quando isso acontece, procuro oferecer algum suporte, contorno e acolhimento, ajudando o terapeuta a se posicionar diante da questão e de seu paciente, de modo que isso represente, ao mesmo tempo, o cuidado de si e do outro.

Essa é a dimensão terapêutica da supervisão: revela conflitos, pontos cegos do psiquismo, reações contratransferenciais, afetos, emoções e, por vezes, a necessidade de cuidado terapêutico.

Interesso-me especialmente pela experiência do terapeuta nos encontros; solicito que narre e discorra sobre os prováveis significados envolvidos e amplie sua compreensão do campo. Trabalho assim com manejos semelhantes aos adotados na clínica: pergunto, questiono, confronto, espelho, reflito, apresento, sugiro, acolho, sustento e busco fundamentalmente dar passagem ao processo do aprendiz, a aquisição da compreensão, seu conhecimento acumulado, saber de ofício, sabedoria, sofrimento pessoal, qualidades e habilidades relacionais, lacunas teóricas e necessidades para o bom exercício de seu ofício.

Com frequência convido o aprendiz a experimentar, a ousar e a nomear os acontecimentos, ainda que se sinta inseguro, e confirmo ou não suas impressões a partir das referências da abordagem e de minha própria compreensão. Ofereço minha perspectiva acerca do terapeuta, do paciente e da relação e explicito os motivos que a fundamentam. Indago a respeito de como o terapeuta ouve minhas impressões e dialogamos sobre as diversas possibilidades. Juntos, levantamos, excluímos e confirmamos hipóteses diagnósticas, por vezes as reformulamos e as reconfiguramos, especialmente no acompanhamento de um paciente por tempo mais prolongado. Avaliamos frequentemente os processos terapêuticos, sua fluidez e impasses. Procuramos colher o significado e o sentido das obstruções e das defesas em suas dimensões *intra*, *inter* e *transpessoais*. Reflito também sobre o modo de ser do terapeuta e sua contribuição para a relação com seu paciente; confirmo sua singularidade e como revela seu estilo pessoal na relação terapêutica.

Enfim, esses são os *passos básicos* de uma sessão de supervisão: um caminhar paciente e compartilhado na penumbra em busca de perguntas, respostas e saídas: *quem, o quê, como, onde, quando, por quê, para que* e *a serviço de quem*.

Se tudo corre bem, ao final do encontro novas configurações se estabeleceram e o aprendiz parte levando maior familiaridade com seu paciente, consigo mesmo, com sua própria compreensão, com o sentido de suas intervenções e com novas possibilidades; *aware* de estranhezas e de surpresas no *lusco-fusco* do contato com a alteridade: o outro em si, diante de si e para além de si.

Em geral, terminamos a sessão e a figura está posicionada de maneira diferencia-da, uma *Gestalt* se fecha e outras se abrem graças ao encontro. O aprendiz leva para casa novas perguntas, as quais o conduzirão e o iluminarão nos encontros com seu cliente. Esse é o sinal de que aprendeu um pouco mais a caminhar na noite, a abrir os olhos, vislumbrando novas formas e contemplando outras belezas, guiado pela chama de seu próprio lampião.

Nesse instante, posso ser dispensada. Sou devolvida ao chão que eu mesma o con-videi a pisar; compartilhamos o *húmus*.

O mestre acendedor de lampiões está desperto e iluminado na *interioridade* do apren-diz. Juntos, são um só: em companhia, por compaixão, podem caminhar na escuridão.

REFERÊNCIAS

ALVES, R. A alegria de ensinar. Campinas-SP: Papirus, 2001.

BARTHES, R. In: CARDELLA B.H.P. A construção do psicoterapeuta. São Paulo: Summus, 2002.

BONDER, N. Fronteiras da inteligência. Rio de Janeiro: Elsevier, 2001.

BUBER, M. Eu e tu. São Paulo: Moraes, 1974.

_____ Histórias do Rabi. São Paulo: Perspectiva, 2012.

CARDELLA, B.H.P. A construção do psicoterapeuta. São Paulo: Summus, 2002.

_____ De volta pra casa. Amparo-SP: Foca, 2017.

DOSTOIÉVSKI, F. Os irmãos Karamazov. São Paulo: Ed. 34, 2008.

HERRIGELL. A arte cavalheiresca do arqueiro zen. São Paulo: Pensamento, 1983.

SERRES, M. Filosofia mestiça. Rio de Janeiro: Nova Fronteira, 1993.

SUZUKI, D. Introdução ao Zen-Budismo. São Paulo: Pensamento, s.d.

SUPERVISÃO CLÍNICA: PARTILHANDO EXPERIÊNCIA E SABER

Sheila Maria da Rocha Antony

E o que é ser terapeuta senão isso: ter tempo, olhar com atenção, garimpar e colecionar minúsculos e insignificantes pedaços de fios de histórias, formando pequenos novelos, reservando-os para serem usados no momento certo do bordado; ficar atenta ao potencial que esses pequenos pedaços têm, organizando-os, classificando-os e guardando-os.

(Juliano)

INTRODUÇÃO

A supervisão é uma das atividades mais importantes para o crescimento e aprimoramento profissional do psicoterapeuta. O objetivo maior é ensinar o raciocínio teórico-clínico para que o psicoterapeuta iniciante realize com consciência as observações, intervenções e orientações apropriadas aos pais, professores e a quem presta atendimento. Ao adquirir esse raciocínio, poderá escolher com discernimento os recursos técnicos adequados a cada cliente e situação, no aqui e agora do contexto terapêutico, conduzir experimentos, empregar as técnicas com habilidade e lidar com as inesperadas reações emocionais, sentindo-se seguro.

A presença do supervisor, com seu olhar experiente, sua escuta criteriosa, seu conhecimento teórico e longo tempo de prática, possibilita a ampliação do horizonte racional e emocional do supervisionando na compreensão das psicodinâmicas e das variadas situações clínicas vividas.

A palavra *supervisão*, etimologicamente, significa *visão sobre*; contudo, de modo literal, traduz um olhar superior ou elevado sobre dada situação. À luz da Gestalt-terapia, representa o terapeuta lançar um olhar aberto e amplificado sobre a totalidade da situação, do contexto e do funcionamento psicológico. Assim, o supervisor gestaltista passeia por diversas ilhas de atuação por meio da escuta sensível de informações sobre a história de vida do cliente com o fim de conhecer os padrões de comunicação e interação do campo familiar, compreender a psicodinâmica do indivíduo e dos membros familiares, diagnosticar os distúrbios da fronteira do contato (os mecanismos de defesa psicológicos) e buscar as *gestalten* abertas que formam os sintomas, os conflitos e as psicopatologias.

A supervisão já está reconhecida como atividade essencial em instituições de ensino superior e cursos de especialização, locais em que o supervisor/professor assume a responsabilidade técnica pelo aluno/estagiário, respondendo por suas ações junto ao Conselho Regional de Psicologia (CRP) e ao Conselho Federal de Psicologia (CFP). A supervisão se consolidou por sua importante contribuição em orientar e qualificar o profissional no exercício de sua prática.

Em minha trajetória clínica passei por várias modalidades de supervisão – individual, grupal e institucional (quando trabalhei em hospital psiquiátrico e no centro de orientação médico-psicopedagógica, ambos da Secretaria de Saúde) – com profissionais renomados que me ensinaram a teoria e, principalmente, a arte de sentir aquele que se encontra diante de mim e, primordialmente, de me perceber e sentir. Estar atento ao processo de reciprocidade emocional que ocorre entre terapeuta e cliente, naquilo que é comum ao ser humano – o universo psíquico –, é fundamental para saber que pode ser afetado pelo outro e ainda assim ser capaz de administrar a dança dialética entre ser um teórico e um psicoterapeuta, porém, acima de tudo, um ser humano que se depara com outro ser humano, cujos anseios, medos, carências, desejos e emoções são semelhantes por pertencerem ao mundo subjetivo da humanidade.

Supervisionar transita entre ciência e arte. Como ciência, consiste em levar o supervisionando a se aprofundar em leituras dirigidas sobre a abordagem para se apropriar da teoria, de seus princípios e conceitos, com a finalidade de fundamentar a prática. Como arte, significa saber o momento de se deixar mover pela intuição, pelos sentidos, pelas sensações corporais, pelas emoções que, associadas à atenção consciente, servem de guia para implementar intervenções que facilitem a compreensão de processos psicoemocionais inconscientes correlacionados aos conflitos psicológicos centrais da vida relacional do sujeito. Como dito por Laura Perls (1994, p. 24):

CAPÍTULO 3 | Supervisão Clínica: Partilhando Experiência e Saber

A terapia também é uma arte. Tem mais a ver com a arte do que com a ciência. Requer muita intuição e sensibilidade e uma visão geral. Ser artista supõe funcionar de uma maneira holística, e ser um bom terapeuta supõe o mesmo.

O terapeuta, portanto, necessita sedimentar sua atuação em base sólida que articule conhecimento teórico-científico e atitudes ético-humanas de empatia, sensibilidade, respeito e amor. Não se trata unicamente de uma aplicação de métodos ou técnicas, mas de ser seu próprio instrumento de trabalho, reconhecer que sua atuação será impregnada da pessoa que é, com todas as particularidades de sua história de vida e legados familiares. Juliano (2010, p. 63) firma essa assertiva ao pontuar que "a psicoterapia não pode evitar o fato de iniciar-se no interior do terapeuta". Ser terapeuta exige um mergulho profundo dentro de si para conhecer o que existe de bom, saudável e virtuoso, bem como se dar conta da dor, das carências, das partes obscuras e temidas de si.

A terapia gestáltica, por ser apoiada na filosofia de base dialógica, toma a relação terapêutica como pedra angular, na qual ocorre uma constante troca intersubjetiva entre a pessoa do terapeuta e a pessoa do cliente com o objetivo de iluminar a jornada de autoconhecimento do cliente. A relação cura. Esse é o princípio sagrado da relação dialógica, que ressalta a disponibilidade do terapeuta "para entrar, o mais completamente possível, na experiência subjetiva do cliente" (HYCNER, 1995, p. 111). Stevens (1977, p. 14) reforça essa noção ao afirmar: "*Gestalt* é algo que se faz *com* os outros e não *para* os outros." Ser gestaltista, portanto, requer envolvimento, abertura ao contato e à presença do outro, de maneira genuína, cuidadosa, respeitosa e reverente.

A jornada terapêutica, então, tem início, e cada fenômeno emocional que acontece no campo terapêutico é resultante da corregulação e da cocriação oriundas do processo vivido entre os dois sujeitos. Cada choro, riso, manifestação de raiva ou resistência não podem ser tratados exclusivamente como reação transferencial, mas algo que brota da situação interpessoal vivida naquele dado momento. A terapia é conduzida de modo a oferecer múltiplas possibilidades de experiências e experimentos com o objetivo de possibilitar ao cliente a consciência de seus desejos, medos, conflitos, ansiedades e defesas.

Nessa linha de compreensão, a supervisão clínica, com base nas filosofias e teorias que fundamentam a Gestalt-terapia, vai além de uma ação meramente pedagógica e adentra o caminho do desenvolvimento de importantes atitudes humanizadas, de iluminar o conhecimento pessoal, se aprofundar nos processos internos psíquicos do supervisionando, de modo a facilitar a compreensão das próprias tramas intrapsíquicas, as quais são reavivadas pelos dramas emocionais do cliente.

Sinto muito prazer em dar supervisão, talvez porque eu tenha uma parte racional que se alegra em ler teorias e se encanta com o mundo das psicopatologias, por entender que no adoecer reside a força mental para retomar a saúde psíquica afetada pelo desequilíbrio do ambiente.

O princípio basilar na condução de minhas supervisões é ensinar o supervisionando a se tornar presente para o outro, qualificando sua presença por meio das atitudes dialógicas (inclusão, confirmação, presença, comunicação genuína) e da habilidade em sustentar o contato. Terapia é ciência, presença, contato, diálogo. É nesse percurso que seguirei no decorrer deste capítulo.

O TERAPEUTA COMO PRESENÇA CONSCIENTE

Em momentos cruciais, a atitude amorosa do terapeuta parece proporcionar ao cliente uma experiência de receber uma graça.

(Hycner & Jacobs)

Saber se tornar presente ao outro, ser consciente de si, da teoria escolhida, é fundamental para a construção de uma relação sólida alicerçada em sentimentos de segurança e confiança mútuos. "Nada acontece na terapia sem uma boa relação. E só há uma boa relação se o terapeuta é capaz de estar aberto para um encontro íntimo e verdadeiro" (ANTONY, 2010, p. 81).

Estar aberto e disponível ao outro evoca o conceito de contato, tão relevante para a Gestalt-terapia, que enfatiza a necessidade de o terapeuta ser capaz de se colocar inteiro com seu intelecto e todos os seus sentidos para ouvir, ver, sentir, perceber, pensar e apontar o óbvio, do qual o cliente não tem consciência. É por meio da sensibilidade do terapeuta com a pessoa do cliente que ele se tornará sensível a si mesmo, à sua dor, aos seus medos e ao sublime sentimento do amor – fundamento das relações humanas.

A *awareness*, outro conceito pilar na Gestalt-terapia, ressalta a importância de o terapeuta tomar consciência de seu modo de sentir, pensar e agir a fim de desenvolver a habilidade para o contato, clarear as qualidades pessoais e as áreas turvas de sua personalidade, que podem inibir o reconhecimento dos limites e do poder no curso

CAPÍTULO 3 | Supervisão Clínica: Partilhando Experiência e Saber

do processo terapêutico. A aceitação de seus limites leva à aceitação de seu poder de interferência quanto ao ritmo pessoal e às possibilidades do cliente de retomar o caminho da saúde emocional.

Alguns clientes andam em círculo, já criaram tantas armadilhas mentais que permanecem severamente presos em seus pensamentos fixados, relutantes à menor mudança. Esses se mostram impotentes para sair da camisa de força que se impõem; desse modo, projetam sua impotência no terapeuta, levando-o a se sentir impotente para fazer a terapia evoluir e promover pequenas e salutares mudanças. Nesse momento do processo é importante que o terapeuta tenha consciência da fronteira divisória entre aquilo que é seu e o que é do cliente e reconheça os processos emocionais pertencentes a cada um – fruto de suas histórias singulares.

Tanto o terapeuta como o cliente necessitam se tornar *aware* das próprias resistências, uma vez que "a resistência informa quais são os limites entre sua abertura e a aceitação dos outros" (HYCNER, 1995, p. 152). Resistência é uma forma de defesa contra a angústia da proximidade ou do afastamento do outro, é a necessidade de proteger as fronteiras do *self*; por isso, a resistência deve ser respeitada pelo terapeuta.

A posição do terapeuta é paradoxal, pois transita entre o poder e a impotência. "Os limites de possibilidade do diálogo são os limites de *awareness*" (BUBER, citado por HYCNER, 1995, p. 153). *Consciência, limite, poder.* O terapeuta consciente de si não mistura seu mundo com o mundo do cliente; se assim não for, tenderá a obstruir o processo pessoal do cliente. Quando há mistura entre o eu e o outro, certamente ocorrem projeções, e então as partes obscuras, os sentimentos reprimidos e os pensamentos temidos não estão completamente conscientes. Quanto mais *awareness* o terapeuta tem de si, mais livre está para ampliar a *awareness* do cliente sobre seus conflitos.

Lembro-me de Violet Oaklander durante curso intensivo de que participei em Santa Bárbara-CA, em 2006, pontuando que a expectativa leva ao fracasso. Explicou que, se o terapeuta cria expectativas sobre o comportamento do cliente, ele provavelmente projetará aspectos seus; é como se existisse um "deveria ser", o que fatalmente impede o emergir natural do fenômeno, aquilo que pode vir a acontecer da maneira mais genuína. Hycner (1995) aponta a necessidade de o terapeuta ser surpreendido em algumas sessões para que o cliente sinta a experiência da sintonia e dessa maneira se sinta compreendido.

Colocar entre parênteses os conhecimentos e teorias adquiridos é uma das atitudes mais importantes a serem aprendidas pelo psicoterapeuta: não julgar, não teorizar, não interpretar, para deixar aparecer aquilo que vem de dentro espontaneamente e assim a escuta e o olhar do terapeuta sejam direcionados ao fenômeno essencial e à essência do fenômeno. Para tal, é necessário *estar-com* o cliente, aceitar e acolher como ele se apresenta (nível de sofrimento, limitações), em que ponto ou situação de vida ele se encontra, livre de teorias e conceitos preconcebidos.

Se o terapeuta trabalhar sedimentado na atitude Eu-Tu, de procura pela pessoa que está por trás da queixa, dos sintomas e psicopatologias, não julgará, não terá expectativas, nem desejará mudar o cliente. Desse modo, poderá oferecer esperança, criar perspectivas novas, mobilizar o fundo (história pregressa, vivências passadas) para que diferentes figuras apareçam e, em consequência, sejam desfeitos os "nós" centrais da vida psíquica do cliente que interrompem o encontro verdadeiro.

Um homem não pode ser verdadeiramente compreendido a não ser a partir da dádiva do espírito; é o espírito que faz parte decisivamente da vida pessoal do homem, que vive; é o espírito que determina a pessoa (BUBER, citado por HYCNER, 1995, p. 120).

Em uma supervisão, após a supervisionanda ter narrado o modo repetitivo de sua cliente se queixar da mãe e dos filhos, de se sentir incompreendida, fazer chantagens emocionais com ameaças de suicídio (o adoecer não mais lhe garantia a atenção afetiva da filha) e ter dito que estava perdendo a paciência ao ouvir suas constantes lamentações, orientei-a a experimentar suspender os *a prioris*, ou seja, que esquecesse o nome da cliente, sua história, e focasse apenas em olhar para seu rosto (olhar profundamente em seus olhos à procura de sua alma, da pessoa verdadeira que há tanto tempo está escondida por trás de suas lamúrias, da criança ferida) para ver que sentimentos, emoções e pensamentos emergiriam nela no aqui e agora. A terapeuta respondeu que se conectou com a amorosidade da cliente, tão reprimida e pouco manifestada. Propus que perguntasse à cliente: "Você sente o amor em você? Você sente o amor em sua família?" Além disso, orientei que perguntasse à cliente se ela poderia olhar em seus olhos e entrar em contato com seus sentimentos.

O amor é o fundamento das relações humanas. Só o amor confere valor às ações humanas. Logo, no amor há uma ética a ser seguida para garantir o respeito, a dignidade, a individualidade, a diferença, a deficiência de cada um. Creio que os problemas psicológicos se originam da ausência desta ética do amor, seja pela falta do amor (experiências de negligência, violência, obstrução à independência), seja pelo excesso de amor (idealização, superproteção, incentivo à dependência). A ética do amor pressupõe atitudes de proteção, cuidado, frustração ("Eu te amo, por isso não te violento!";

CAPÍTULO 3 | Supervisão Clínica: Partilhando Experiência e Saber

"Eu te amo, por isso não permito que comas em excesso!"; "Eu te amo, por isso não podes usar drogas!"; "Eu te amo e estou aqui para te dar suporte e amparo!").

Não há como negar que em toda relação inter-humana ocorrem processos transferenciais e contratransferenciais, tanto no ambiente terapêutico como em qualquer outra situação relacional. "A transferência e a contratransferência formam juntas um sistema intersubjetivo de influência recíproca mútua" (HYCNER & JACOBS, 1997, p. 134). É fundamental que o terapeuta tenha consciência de que sua presença tem um impacto sobre o outro, bem como entenda que a presença do cliente tem um efeito sobre sua pessoa e, diante da possibilidade de surgimento desses fenômenos, ele deve estar pronto para lidar com as complexas situações emocionais. Em outras palavras, o *terapeuta se torna um eterno vigilante de si mesmo* e mantém uma atenção constante a suas reações e pensamentos em todo momento do processo terapêutico.

Cada cliente suscita no terapeuta emoções, sentimentos e pensamentos singulares – bons e/ou maus – que evocam memórias afetivas e por conseguinte se tornam potentes elementos no direcionamento de suas observações, interações e intervenções. Para Perls (1981, p. 69), na transferência o cliente age sob a ilusão de realizar um contato real com o terapeuta; no entanto,

> [...] é um evento intrapessoal de sua própria criação. Não é contato, mas algo que impede o contato com a realidade, pois o contato envolve a avaliação do que o outro é de fato, não do que se pretende que ele seja ou represente.

Contudo, o gestaltista não tem como objetivo terapêutico provocar a transferência, não intenciona que o cliente reproduza com ele as experiências emocionais vividas entre o cliente e as figuras parentais. Todavia, sabe que em algum momento isso acontecerá e, ao ocorrer, deve atuar para dar consciência da distorção da percepção a respeito de sua pessoa, do fato disparador e da reação emocional sentida (raiva, desconfiança, medo, admiração, amor) oriunda da fonte original.

Hycner e Jacobs (1997, p. 161) destacam a importância de o terapeuta admitir e compreender o processo intrapsíquico envolvido na transferência: "Especialmente na relação transferencial existe uma ambivalência, tanto existencial como psicológica, por parte do paciente. Há esperança e medo." Explicam que o cliente possui um anseio profundo, uma esperança oculta de ser atendido em suas necessidades afetivas infantis, juntamente com o medo de se deparar com uma pessoa semelhante àquelas que ignoraram suas necessidades primitivas de afeto.

49

Miller (1997, p. 62) complementa esse raciocínio clínico, pontuando que "o cliente, como uma criança, tem medo de perder a atenção, compreensão e empatia do terapeuta, que esteve esperando por toda a vida". A condução terapêutica, então, se faz para promover a *awareness* de que, como "adultos, não precisamos de amor incondicional, nem de nosso terapeuta, pois isso é uma necessidade infantil" (MILLER, 1997, p. 52).

Por essa razão, enfatizo a importância de o supervisionando tomar consciência de sua criança interior feliz e ferida para assim compreender os possíveis processos transferenciais e contratransferenciais a emergirem entre ele e o cliente (seja criança, adolescente ou adulto), porque em algum momento da terapia a criança do terapeuta poderá se deparar com a criança do cliente.

PERCURSO TEÓRICO E METODOLÓGICO NA SUPERVISÃO

No pior dos casos, técnicas e teorias se tornam rituais sagrados em vez de instrumentos a serviço da realização de objetivos.

(Tellegen)

Já conceitos fundamentais na teoria da Gestalt-terapia que me guiam na atividade da supervisão e em minha prática clínica. Contato e *awareness* são pilares na condução terapêutica e têm seus desdobramentos em outros conceitos, como fronteira do contato, distúrbios da fronteira do contato, fluxo da consciência, ajustamento criativo e autorregulação. Na Gestalt-terapia é difícil falar isoladamente de um conceito, um puxa o outro, ocasionando um entrelaçamento vivo entre os conceitos e princípios gestálticos.

Investir na *awareness* de *o que* e *como* é fundamental. O que o cliente faz e como faz é a chave para se iniciar a conscientização de suas resistências, inibições, processos de bloqueio do contato, responsáveis pela interrupção do fluir natural das experiências e da expressão espontânea do *self*. Hycner e Jacobs (1997, p. 131) destacam o axioma:

> A teoria da Gestalt-terapia focaliza os processos de *awareness* no aqui e agora, utilizando lentes como formação de *gestalten* e contato para elucidar como o processo de *awareness* refina e dá suporte às capacidades autorreguladoras.

Nessa assertiva, os autores interconectam os conceitos de *awareness*, *gestalt*, autorregulação e aqui e agora para explicar o percurso terapêutico do gestaltista.

CAPÍTULO 3 | Supervisão Clínica: Partilhando Experiência e Saber

Uma pergunta relevante que costumo fazer, para promover a *awareness*, aos pais muito queixosos quanto ao comportamento problemático do filho é: "O que vocês estão fazendo e o que *não* estão fazendo para que ele se comporte dessa maneira?" Essas perguntas conduzem os pais diretamente ao encontro daquela necessidade que não está sendo atendida e para a conduta inadequada dos pais. Quando as necessidades não são satisfeitas, ajustamentos criativos são realizados para recuperar a homeostase ou o equilíbrio do sistema por meio do processo autorregulatório individual. Onde existe sintoma, há tentativas repetidas de resolver uma situação, apontando para uma *gestalt* aberta e uma relação afetiva insatisfatória presente, invariavelmente ligada ao passado.

O uso do princípio *todo e parte* é fundamental para buscar a elucidação do significado dos sintomas e psicopatologias em minhas supervisões de crianças e adolescentes. Ao considerar a criança como parte do todo que é a família, busco as conexões afetivas entre as partes (filho-pais, mãe-pai) e o todo (sistema familiar), as inter-relações entre os ajustamentos defensivos e as dinâmicas psicológicas do cliente e dos pais, as relações funcionais entre os sintomas, os eventos de vida, as emoções e as pessoas significativas, que, segundo Juliano (1999), retratam uma procura por sincronicidades.

A busca pela identificação das dinâmicas psicológicas do cliente e da família exige conhecimento da teoria do ciclo do contato. O ciclo expressa o funcionamento saudável do organismo (fluidez, sensação, consciência, mobilização de energia, ação, interação, contato final, satisfação, retraimento), a autorregulação espontânea da pessoa na interação com o meio que prima pela satisfação das necessidades prioritárias emergentes. Por outro lado, para evitar abandono, rejeição, desaprovação, a criança faz uso de processos defensivos (fixação, dessensibilização, deflexão, introjeção, projeção, proflexão, retroflexão, egotismo, confluência) para preservar a relação com o outro significativo, criando bloqueios do contato prejudiciais à relação com o meio e consigo.

De modo geral, o contato inicial entre terapeuta e cliente se dá por meio do sofrimento dominante em sua vida, o que dispara a resistência natural do começo da terapia e dá pistas sobre os ajustamentos defensivos em que se apoia para lidar com as tensões e adversidades do ambiente. Um dos questionamentos que o terapeuta deve se fazer no início da psicoterapia para avaliar se o cliente tem uma boa estrutura emocional é se ele tem autossuporte ou se ainda depende do suporte externo. Para Hycner e Jacobs (1997, p. 163), "a Gestalt-terapia faz a suposição básica de que o paciente necessita de autossuporte, e o terapeuta simboliza o *self* incompleto do paciente".

ଓଃ 51 ଃଠ

Perls (1981, p. 90) sempre se pronunciou a respeito da importância do terapeuta durante o processo terapêutico: ora dar suporte, ora frustrar o cliente, afirmando que, "quando percebesse a necessidade de o cliente receber suporte ambiental, deveria ser frustrado". A frustração tem seu valor quando pretende romper com o jogo de manipulação e a evitação do cliente em assumir responsabilidades pelas próprias escolhas e atos.

O cliente, quando se percebe em um momento de impasse, duvida de sua capacidade de resolução, de tomar a decisão correta, devido à fragilidade do senso de identidade. Então, naturalmente, solicita a opinião do terapeuta: "O que você acha? Devo agir assim?" Se o apoio ambiental que o cliente espera não lhe for concedido no momento solicitado, se o terapeuta não lhe der respostas prontas, se não apreciar suas boas ações e intenções, em algum ponto da terapia poderá ser alvo da carga negativa de sua frustração.

Mas a terapia gestáltica também lhe dá constantemente muito do que quer – atenção, atenção exclusiva – e não o censura por suas resistências. Desse modo, a terapia se equilibra entre frustração e satisfação (PERLS, 1981, p. 63).

Esse proceder teórico entre apoiar e frustrar requer uma boa dose de segurança do terapeuta. Algumas vezes, o terapeuta pode evitar confrontar/frustrar o cliente por temer uma reação agressiva ou que ele abandone a terapia; na verdade, que o abandone. Essa conduta incorre em falta de autossuporte do terapeuta, que pode estar imerso em fantasias de rejeição, autocondenação e inadequação decorrentes de experiências introjetadas suscitadoras de culpa, de temor ao fracasso, de juízos de incompetência.

A metodologia gestáltica é a da *awareness*, voltada para provocar progressivas tomadas de consciência ao longo do processo terapêutico. Está assentada na fenomenologia, cuja essência é buscar o sentido e o significado daquilo que se mostra na experiência imediata por meio da descrição do vivido. A atuação do terapeuta visa primordialmente explorar as ações do cliente com perguntas que o coloquem em contato com *o que, o como* e o *para que* de suas intenções, vontades e necessidades, que estão conectadas com seus conflitos, dramas e personalidade (ANTONY, 2012). Seguindo esse procedimento, não é o terapeuta que interpreta ou atribui sentido ao que vê, escuta e percebe, é o próprio cliente, sujeito criador de seu agir, pensar e sentir.

Hycner e Jacobs (1997) agregam o método da *investigação empática constante*, de cunho existencialista e embasado na teoria da intersubjetividade, para a exploração do mundo interno do cliente, referindo-se à capacidade do terapeuta de se colocar na perspectiva do cliente, realizar a inclusão, porém mantendo sua referência pessoal, a diferenciação do que é seu e do que é do cliente.

CAPÍTULO 3 | Supervisão Clínica: Partilhando Experiência e Saber

A prática da Gestalt-terapia tem um ganho diferencial com a força dos experimentos criados a partir da experiência direta. "As técnicas da Gestalt-terapia são tarefas experimentais. Elas são meios de expandir a experiência direta" (YONTEF, 1998, p. 40). Os experimentos permitem ao terapeuta ir além do verbal e acessar conteúdos livres da crítica e da censura racional. Esse é o valor essencial dos experimentos.

O experimento é uma ação terapêutica que visa produzir um fazer, de modo que leve o indivíduo a desbloquear um impulso contido, uma ação temida, uma palavra não dita, uma emoção reprimida (ANTONY, 2012). Ao se criar um experimento, pretende-se um retorno a uma *gestalt* aberta, a uma situação mal resolvida, a uma experiência emocional, vinculada a uma necessidade antiga de atender as necessidades primordiais dos pais, seja por medo de ferir e ser ferido, seja mesmo de perder o amor dos pais. São várias as técnicas da Gestalt-terapia, dentre as quais a cadeira vazia, a intensificação dos sintomas, a elaboração de frases como "Eu assumo a responsabilidade", a transformação de perguntas em afirmativas e o contínuo da consciência.

A tarefa do terapeuta é fluir junto com o cliente para reconhecer e fortalecer o senso de eu, descobrir e investir em suas qualidades adormecidas, em seus dons recebidos (tocar um instrumento musical, desenhar, pintar, fazer artesanato, fotografar, costurar, praticar algum esporte), e incentivar a realização de desejos reprimidos. Os experimentos devem ser propostos para propiciar experiências emocionais curadoras que integrem o passado e o presente, o agir, o pensar e o sentir, de modo que o cliente experimente uma imensa liberdade psicológica do eu, um sentimento de segurança para escolher aquilo que lhe agrada, que o torna feliz; enfim, ter a coragem de ser o que verdadeiramente é. Quanto mais clareza a pessoa tiver acerca de seu modo de ser, mais confiança, mais segurança, maior será sua capacidade de autoexpressão e de ganho de consciência sobre seus comportamentos e seu universo psicológico.

MODALIDADES DE SUPERVISÃO

Cada modalidade de supervisão tem sua particularidade. O terapeuta se ajusta conforme o supervisionando, seu nível de conhecimento, sua personalidade e seu modo pessoal de expor o caso clínico. Particularmente, não tenho nenhum roteiro de exposição de caso para exigir do supervisionando e o deixo livre para criar uma organização própria de apresentação.

ભ 53 ૪૦

Dentre as diversas modalidades de supervisão existentes, as mais conhecidas são a grupal, a individual e a institucional. No entanto, só comentarei sobre a individual e a grupal, a qual acontece a cada 15 dias e tem 2 horas de duração, em grupo de quatro psicólogas.

A supervisão desafia meus conhecimentos sobre psicopatologia e o funcionamento psicológico (mecanismos de defesa e dinâmicas do contato) inerente a cada psicopatologia. Compreendo que, para o terapeuta tratar, orientar os pais, criar objetivos terapêuticos, é imprescindível saber o que a criança, o adolescente ou o adulto tem. Diagnosticar é preciso, pois o diagnóstico, segundo Hycner (1995), contém as sementes da cura.

As dúvidas e angústias são imensas, algumas pertencentes a todo terapeuta iniciante e outras têm elo com as histórias e os conflitos pessoais. Esse é um dos pontos a serem explorados e diferenciados na supervisão – o que é do cliente, o que é do terapeuta, o que é da relação.

Alguns temas específicos à psicoterapia de crianças e adolescentes dizem respeito a abuso sexual intrafamiliar, automutilação ou ideação suicida, e surgem dúvidas do supervisionando quanto ao atendimento a dois irmãos simultaneamente e ao atendimento aos pais quando o adolescente não aceita.

O terapeuta deve ter discernimento e consciência da intencionalidade de suas condutas e do motivo que o levou a marcar sessões com os pais. A finalidade deve sempre visar ao bem do cliente, facilitar a comunicação autêntica e promover um contato saudável e nutritivo. Se o adolescente está se automutilando, tem intenções suicidas e não quer que os pais sejam atendidos para não tomarem conhecimento de seus atos, o terapeuta deve agir guiado pela ética profissional, com a consciência de que tem responsabilidade com a vida e o bem-estar do adolescente.

A mesma conduta deverá ser tomada quando a criança, o adolescente ou a mulher estiver sofrendo qualquer tipo de violência, principalmente se sexual, e o agressor for o pai, o irmão ou algum parente. Agir com firmeza e delicadeza nessas situações é fundamental para garantir o devido suporte ao cliente diante da ameaça do ambiente. O terapeuta não pode ser omisso; caso contrário, será conivente com os segredos e crimes do sistema familiar.

O terapeuta não deve ter medo de perder o cliente, pois tem como missão proteger a criança, o adolescente e o adulto. Quando há partes em conluio (aliança entre mãe e filho, pai e filha, mãe e pai), é sinal de que há exclusão, que os papéis familiares não estão sendo ocupados devidamente e que as relações estão adoecidas.

CAPÍTULO 3 | Supervisão Clínica: Partilhando Experiência e Saber

Quanto ao atendimento de dois irmãos pelo mesmo terapeuta, não sou favorável. É importante que cada criança tenha seu terapeuta, seu espaço terapêutico (com brinquedos, materiais, jogos) para construir a fantasia de ser a preferida, ser especial para o terapeuta, ter um vínculo exclusivo. Há famílias confluentes, sem limites na fronteira, em que os pais invadem a individualidade, temem a separação e precisam exercer controle sobre os filhos e até mesmo sobre o terapeuta. Nesses casos, é indispensável o atendimento a uma só criança. Além disso, os pais necessitam contar com o olhar clínico distinto de outro terapeuta sobre a dinâmica do sistema e a criança em sofrimento para evitar projeções e reduzir as contratransferências.

❦ Supervisão individual

A supervisão individual não tem periodicidade fixa, ficando a critério da necessidade do supervisionando. Os encontros podem ser semanais, quinzenais ou mensais. Nas sessões individuais, às vezes oriento apenas sobre um caso, e em outras ocasiões é possível supervisionar dois casos, dependendo da necessidade, do ritmo e da experiência do supervisionando como terapeuta. Em muitas situações utilizo o material que tenho em meu consultório para demonstrar o uso de técnicas e procedimentos. Já houve momentos com o supervisionando em que exploramos seus conflitos, resistências e processos contratransferenciais.

Trato com muito cuidado os sentimentos indesejáveis que surgem diante de certos clientes, como raiva, tédio, medo e baixa de energia. Miller (1997) sugere algumas perguntas que o terapeuta deve se fazer diante de situações emocionais específicas, como: "Reprimo minha emoção ou devo expressá-la?"; "Se expresso minha emoção, posso fazer o cliente se sentir rejeitado?"; "O que faço caso ele reaja com intensidade, com agressividade ou crítica?".

O cliente percebe a emoção no rosto e no corpo do terapeuta, principalmente quando a raiva está reprimida, uma vez que a raiva é uma emoção que mobiliza uma ação, um gesto, uma expressão facial. Se não a exponho, no aqui e agora, posso levar o cliente a se sentir confuso com sua percepção e assim ferir o vínculo de confiança por negar a verdade vivida.

Para Miller (1997), todos os sentimentos que o cliente provoca no terapeuta fazem parte de sua tentativa inconsciente de contar e ao mesmo tempo esconder sua história. Como os sentimentos despertados no terapeuta são a chave de acesso à história oculta, o profissional deve compartilhar de maneira consciente, sem julgamento, com aceitação, para que o cliente venha a reconhecer esses sentimentos e possa integrá-los à sua personalidade. Cabe ao terapeuta descobrir se os sentimentos emergentes dizem respeito à sua própria história reprimida e então buscar entendimento e atribuir sentido ao que lhe ocorreu.

Não cabe ao terapeuta elaborar as descobertas ou os *insights*, é o cliente quem deve estabelecer as conexões a partir de seus próprios pensamentos, memórias e sentimentos. Do terapeuta o cliente espera verdade, respeito, confiança, empatia, compreensão e, primordialmente, a capacidade de resolver seus próprios sentimentos.

Certa vez recebi uma mulher que fez exatamente essa afirmação ao se queixar do terapeuta anterior, que fazia dela sua confidente, reclamando de sua vida pregressa e presente. Ela disse: "Não quero saber dos problemas do meu terapeuta. Ele tem que saber resolver os seus problemas e me ajudar com os meus; para isso eu pago."

ᙃ Supervisão grupal

Em uma sessão de supervisão em grupo procuro dar oportunidade para que as quatro participantes apresentem seus casos clínicos. Quando não é possível supervisionar todos os casos, as psicólogas afirmam não se sentir prejudicadas ou frustradas, uma vez que a supervisão de um caso oferece aprendizado para a compreensão de outros. Isto é, ao supervisionar o caso de alguém que vive uma relação abusiva, os aspectos da psicodinâmica individual, os conteúdos inerentes ao conflito e os distúrbios de contato servem para a compreensão de outros clientes com funcionamento semelhante.

Um fator importante na formação do grupo é a harmonia entre os componentes, o que favorece a participação individual, aumenta a espontaneidade e promove mais leveza à dinâmica da supervisão. Já supervisionei dois grupos que me marcaram (um deles ainda em andamento), os quais comprovaram que, quando há harmonia, há união, coesão, respeito, carinho e motivação. Todos esses ingredientes favorecem o crescimento pessoal e profissional.

Após a apresentação e minhas observações, os demais participantes podem sugerir livros, elaborar comentários técnicos e fazer sugestões de intervenção e prática, o que enriquece a compreensão teórica, técnica e prática.

UM CASO CLÍNICO

Uma adolescente de 13 anos mora há 3 anos em Brasília. Sua adaptação foi difícil por ter sentido muito a falta dos amigos que deixou para trás. As famílias paterna e materna moram em Brasília, e ela é a única sobrinha e neta de ambas as famílias.

Os pais sempre foram muito cobrados por suas famílias de origem no sentido de sua filha engravidar e gerar filhos para dar continuidade à família, que tem histórico de infertilidade e falta de filhos. A tia materna não conseguiu engravidar. Do lado paterno, nenhum dos dois tios procriou.

A adolescente não sabe se quer ter filhos. Reconhece-se como bissexual e está em um relacionamento homossexual, mas não tem coragem de assumir o namoro perante a família. Quer revelar, mas teme ser discriminada, rejeitada e decepcionar ambas as partes.

Um primo do avô materno é homossexual e, quando decidiu revelar, o avô cortou relações com ele. Quando vai à casa dos avós maternos, considera-se mentirosa por esconder sua condição sexual. Os pais já sabem, mas não se sentem à vontade para revelar.

A adolescente tem um relacionamento mais aberto com o pai, a quem confessou e que recebeu com tranquilidade. Já a mãe mostra resistência porque sonhou com um castelo para a filha. Nesse castelo havia uma família tradicional – a filha, o marido e os netos. A mãe reclama que todos os dias a filha chega com informações sobre questões LGBTQ+ ("Mãe, assassinaram um homossexual, um transexual, essas pessoas são agredidas, assassinadas, diariamente!") e já não sabe como agir e responder; então, se afasta da filha por não tolerar mais ouvir sobre esse assunto.

Outra questão delicada, mantida em segredo na família, diz respeito aos casos extraconjugais do avô paterno, que gerou filhos bastardos. O pai, no café da manhã, soltou essa pérola. Os tios e os avós nunca comentaram nada. O cenário de ser considerada a única filha, sobrinha e neta é uma farsa. Preocupa-se com o pai por achar que ele sofre com isso. As traições e os segredos do avô paterno são os motivos de o pai não manter um bom relacionamento com ele. Além do mais, o avô era alcoolista e ainda exercia violência doméstica.

A adolescente comenta que a mãe pediu que nunca tocasse no assunto com a avó, que permaneceu casada até sua morte. Ela questiona: "Por que minha avó aceitou isso? Por que nunca reclamou?"

A supervisão inicia com o tema segredos. A família guarda transgeracionalmente segredos ligados à sexualidade e à violência doméstica. Foi delegado à mulher o papel de procriadora. A ela é atribuído o lugar de única herdeira e descendente, o que considera uma missão a ser cumprida.

Todo o fardo imposto a um membro da família vem como um desvio de seu destino, funcionando como bloqueio à realização de seus sonhos, planos e de sua identidade. Esse modo de funcionar da família é assentado no processo da *projeção*, o qual tende a responsabilizar o outro pelos próprios defeitos e inadequações, imputando-lhe a culpa pelas frustrações e infrutíferas realizações pessoais. A família não consegue encarar as próprias falhas e projeta na adolescente a responsabilidade pela felicidade e infelicidade de todos.

Os pais não conseguem lidar com a verdade, e onde há segredo há falta de suporte ambiental e autossuporte. Segredos destroem a confiança entre os membros da família em virtude da falta de uma comunicação aberta e autêntica. Identifica-se aqui a *deflexão* como modo de interação da família.

Segundo Perls (1981, p. 131), "tornamo-nos fóbicos em relação à dor e ao sofrimento, fugimos de qualquer situação que possa ser dolorosa e tentamos diminuí-la". A fuga da revelação da verdade é uma maneira de proteger o indivíduo ou o sistema familiar de possíveis rupturas, mas cria um padrão superficial de estar com o outro, a partir do qual se retira a atenção da situação ansiogênica para diluir a angústia e a tensão provenientes da incapacidade de lidar com os próprios sentimentos.

Aquilo que não é contado ou revelado carrega terríveis fantasias catastróficas que perduram no imaginário dos familiares. A adolescente não conta por medo de ser rejeitada, excluída, discriminada, o que justifica o silêncio, o amordaçamento do sofrimento emocional.

Amordaçar-se representa o processo defensivo da *retroflexão*, o qual define, segundo Polster e Polster (1979), o retorno do impulso agressivo para dentro de si, isto é, as energias são redirecionadas e se voltam contra a própria personalidade e o próprio corpo em razão do medo de ferir, destruir ou ser ferido, tendo como sentimentos principais a culpa e a necessidade de reformular as ações. A adolescente sonda a avó sobre a aceitação de sua homossexualidade:

"Se tiver alguém homossexual na família, você acha que deve sair do armário?"

"Não", responde a avó, "é melhor que fique no armário."

CAPÍTULO 3 | Supervisão Clínica: Partilhando Experiência e Saber

Uma das maneiras de desvelar o segredo ou dar voz ao sofrimento é por meio de recursos artísticos, como desenho, pintura, argila ou caixa de areia. Uma supervisionanda descreveu assim o comentário sobre o desenho de uma menina de 9 anos que possivelmente sofreu abuso sexual por parte do irmão: "Tem uma menina debaixo do oceano, ela não sabe nadar e está se afogando. O garoto empurrou-a ao fundo do mar." Seu relato se apoia em uma metáfora que retrata sua impotência, sua angústia, seu temor diante da morte e indica um autor, um sujeito de sexo masculino.

A metáfora do armário como símbolo de proteção, esconderijo ou mesmo útero pode ser trabalhada com o procedimento técnico descrito por Antony (2012), que obedece à sequência da *descrição* ("Conte o que está acontecendo aqui"), da *identificação* ("Quem são os personagens?"; "Como eles vivem?"; "Agora seja um deles"), do *diálogo* ("Diga alguma coisa para esse personagem"; "O que ele responde?"; "Crie uma conversa entre eles") e da *apropriação* ("Algo semelhante já aconteceu com você?"; "Você já se sentiu desse jeito?").

O pai diz que precisa fazer uma "fofoquinha" com a filha (sua mãe finge que executa as tarefas domésticas). Pontuo que em terapia não pode haver a fala às escondidas e, portanto, o melhor a fazer é ter uma sessão com os pais juntos para limpar as fofocas. O terapeuta não pode ser cúmplice de um cônjuge contra o outro para não repetir as alianças que fragmentam o todo.

A mãe é quem sustenta financeiramente a casa, ela é o "homem" da relação (em uma perspectiva sociocultural). Ela não ocupa o lugar de mãe maternal. A divisão de tarefas e os papéis masculino e feminino não estão sendo exercidos de forma saudável, há insatisfações do homem com a mulher (e vice-versa) desde o tempo da gestação, quando houve traição conjugal.

Existem frustrações e vergonhas por trás dos segredos. A representação do feminino e do masculino está idealizada e sob risco de ser desmoronada. A adolescente tem o papel de princesa a ser cumprido, o qual não quer desempenhar. Nesse sentido, cabe a ela a responsabilidade de quebrar o ciclo dos segredos e falsidades do sistema, a cura das relações familiares, ao se libertar do fardo e assumir seus desejos e verdades.

Os pais não devem compartilhar seus problemas conjugais com os filhos, pois sobrecarregam emocionalmente a criança por exigirem uma aliança que ela não tem capacidade de suportar. A cliente, para tomar consciência de seus medos, limites, frustrações e conflitos, precisa tomar consciência das carências dos pais para não carregar a culpa pelas falhas e insuficiências deles.

Os pais têm limitações. Não se deve ficar esperando por toda a vida aquilo que o pai e a mãe não foram capazes de dar na infância. A tarefa terapêutica passa por levantar questões sobre o que a adolescente fará com aquilo que o pai e a mãe fizeram e não fizeram, por e com ela, bem como enxergar de que maneira a mãe e o pai demonstram sua força, seu amor, seu cuidado e sua atenção, para que ela se aproprie das partes saudáveis e as integre à sua personalidade.

É importante que a adolescente aprenda que, mesmo com uma história de sofrimento, é necessário aceitar e compreender que tudo por que passou faz parte de seu destino. A realidade é maior que o indivíduo. Em dado momento é fundamental que pense: "Esse é o pai e a mãe que eu tenho com todas as suas limitações e imperfeições."

Para isso, vale realizar experimentos de retorno à infância no intuito de tornar a adolescente o suporte da própria criança, valorizando seus esforços de enfrentar as insuficiências das figuras parentais e reconhecendo suas virtudes, sua força interior, seu desejo de vida.

Deixar claro esse processo de desilusão e decepção com os pais não é fácil, uma vez que filhos não gostam de falar mal dos pais por não tolerarem enxergar a fragilidade, a vulnerabilidade e a necessidade dos pais de receberem suporte e serem amados como uma criança carente.

CONSIDERAÇÕES FINAIS

Coisa estranha essa profissão. Cheia dos sabores.
Cheia das possibilidades. Cheia de possíveis disfarces.
Condenada à solidão pessoal pela proximidade com a alma alheia.
Abençoada em alguns encontros... E o que nos mantém nesse percurso?
Será a onipotência, a loucura, a teimosia? A fé, acho.

(Juliano)

A terapia gestáltica incentiva o terapeuta a ser criativo, a desenvolver seu estilo próprio sem imitar nenhum outro terapeuta. Perls dizia veementemente que não queria que nenhum gestaltista afirmasse: "Eu sou perlsiano." Esperava que o terapeuta iniciante se respeitasse em sua diferença e singularidade para criar um modelo pessoal de atender, porém sem se afastar da teoria e da metodologia gestáltica. Sem a menor sombra de dúvida, a personalidade está implicada inegavelmente no modo de ser terapeuta.

CAPÍTULO 3 | Supervisão Clínica: Partilhando Experiência e Saber

O terapeuta tem uma dupla tarefa: a de olhar para dentro de si e ao mesmo tempo olhar para dentro do outro, buscando aquilo que ele não consegue enxergar por si só. Para enxergar o interior é fundamental desenvolver a escuta acolhedora, a escuta que peneira o trigo, a escuta sensível que capta aquilo que está nas entrelinhas do discurso racional do cliente. O tempo e a experiência ensinam o terapeuta a se tornar sensível ao essencial e a entender, segundo Juliano (1999, p. 114), que "a sensibilidade nos faz diminuir o passo e escutar com atenção".

É árduo e fascinante o trabalho de se pôr a serviço do cliente, peregrinando pelos cantos de sua alma para supreendentemente devolvê-lo para si mesmo em sua versão mais original. O terapeuta, nesse percurso, muitas vezes revisita a própria história e se depara com feridas ainda não cicatrizadas. Mas esse é o bônus e não o ônus de nossa profissão: o curador sendo curado por aquele que veio procurar a cura.

É importante que o terapeuta iniciante compreenda que não basta amar o outro, é preciso dominar a técnica e a teoria para alcançar o centro sensível do cliente e assim desfazer a muralha das resistências e expandir a *awareness* de suas dores, de seus temores, da beleza e da riqueza interior tão bem escondidas. Terapia é ciência e, como tal, constitui-se na arte da presença, do encontro e do diálogo essencial.

REFERÊNCIAS

ANTONY, S. A clínica gestáltica com crianças: caminhos de crescimento. São Paulo: Summus, 2010.

ANTONY, S. Cuidando de crianças: teoria e arte em Gestalt-terapia. Curitiba: Juruá, 2012.

HYCNER, R. De pessoa a pessoa: psicoterapia dialógica. São Paulo: Summus, 1995.

HYCNER, R.; JACOBS, L. Relação e cura em Gestalt-terapia. São Paulo: Summus, 1997.

JULIANO, J.C. A arte de restaurar histórias: o diálogo criativo no caminho pessoal. São Paulo: Summus, 1999.

MILLER, A. O drama da criança bem dotada: como os pais podem formar (e deformar) a vida emocional dos filhos. São Paulo: Summus, 1997.

PERLS, F. A abordagem gestáltica e testemunha ocular da terapia. Rio de Janeiro: Zahar, 1981.

PERLS, L. Viviendo en los limites.Valencia: Promolibro, 1994.

POLSTER, E.; POLSTER, M. Gestalt-terapia integrada. Belo Horizonte: Interlivros, 1979.

STEVENS, J. Isto é Gestalt. São Paulo: Summus, 1977.

TELLEGEN, T. Gestalt e grupos: uma perspectiva sistêmica. São Paulo: Summus, 1984.

YONTEF, Y. Processo, diálogo e awareness: ensaios em Gestalt-terapia. São Paulo: Summus, 1998.

SUPERVISÃO: OPORTUNIDADE PARA LEVAR NOSSOS OLHOS PARA PASSEAR

Karina Okajima Fukumitsu

Renasceremos irmanados no sonho de novos destinos.

(Iberê Guarani M'byá)

A Gestalt-terapia é a abordagem que tem sido minha trilha de acolhimento e de saúde existencial. A perspectiva gestáltica se faz importante por ser permissão para refletir sobre uma psicologia não psicopatologizante.

Olhar o ser humano segundo o enfoque gestáltico é permissão para que eu possa direcionar a conduta profissional que vise à ampliação de *awareness*. Nessa direção, é oportunidade que auxilia o fechamento da *gestalten* e a ampliação de muitas novas possibilidades. E se, para Perls (1977a, p. 30), "aprender é descobrir que é uma questão de experiências novas", nos lançamos em novas experiências, oportunizando a aprendizagem.

Meu sonho sempre foi ser professora, psicoterapeuta e supervisora de casos clínicos para habilitar profissionais no acolhimento do sofrimento existencial. Sonho sonhado, realidade concretizada.

Atualmente, por vocação e por amor, percorro a jornada cotidiana da vida acadêmica com o intuito de realizar trabalhos psicoeducativos direcionados para a compreensão do sofrimento humano, que decorre dos comportamentos disfuncionais.

Todos os nossos comportamentos disfuncionais são gritos por acolhimento e respeito. Além disso, são retroflexões disfuncionais e podem ser vistos, portanto, como agressividade mal canalizada. Trata-se de implosões e explosões intensas; revelam conflitos consigo e com o meio ambiente; clamam por fortalecimento do *self*; são convites para a descoberta de fatores de proteção e exigem ajustamentos criativos e novas aprendizagens para se comunicar. Sobretudo, são possibilidades vindouras para a modificação de comportamentos (FUKUMITSU, 2017, pp. 88-89).

Enveredei, portanto, minha carreira na busca por formas de acolhimento para contrabalançar o processo de morrência. Em outras palavras, o processo de morrência é o sofrimento existencial que provoca um definhar existencial e é resultante de uma complexidade de comportamentos autodestrutivos e disfuncionais. Rachel Naomi Remen (2001, p. 87) ensina, no livro *As bênçãos do meu avô*, que:

> De todas as maneiras pelas quais as pessoas lidam com o sofrimento – negação, racionalização, espiritualização, substituição – poucas são lugares de abrigo. Muitas delas nos desconectam da própria vida que desejamos abençoar e servir, impedindo-nos de cumprir nossos desígnios. O mais triste disso tudo é que não conseguimos nos esconder do sofrimento. Ele faz parte do fato de estarmos vivos. Se nos escondermos, teremos de sofrer sozinhos. Diante do sofrimento, todos precisam encontrar abrigo.

Como psicoterapeuta, aprendi que precisamos nos trabalhar em psicoterapia pessoal para sermos nosso melhor e único instrumento de trabalho.

Às vezes, travamos "uma batalha" no caminho da aquisição do autoconhecimento. Desenvolvido a partir da relação psicoterapêutica, o cliente pode se dar conta de situações ambivalentes e aprender a zelar pela própria "casa" existencial.

Muitas vezes, lidar com o incontrolável significa valorizar o presente e se abrir para as incertezas do futuro.

Há de se pensar também no bem-estar dos psicoterapeutas, principalmente por tratarmos de demanda que "fadiga por compaixão", expressão cunhada por Lago e Codod (2010, p.186) e que:

> [...] se refere a mudanças que ocorrem no mundo simbólico, na parte humana do homem. Para o ser humano, estar presente em um contexto de sofrimento não se resume a sentir-se estimulado, estressado, em decorrência do compartilhamento de emoções com vítima. Para o ser humano essa experiência também o coloca diante do seu maior medo, a morte. Faz com que ele pense acerca da sua vida, da sua existência, da fragilidade da sua vida e de seus entes queridos acerca da violência etc.

CAPÍTULO 4 | Supervisão: Oportunidade para Levar nossos Olhos para Passear

Todos têm condições e o direito de se apropriar de sua existência. Como psicoterapeutas não podemos adotar como conduta sermos salvadores do sofrimento alheio, mas sim aqueles que acompanham os clientes nos percursos que trilham. Lidar com o sofrimento humano demanda generosidade e compaixão e, se a compaixão não serve para a gente, não se aplica ao outro.

Apenas podemos ofertar aquilo que temos, e por isso é necessário criar certa compaixão para lidar com o sofrimento alheio. Cuidando de si, o psicoterapeuta poderá cuidar do outro e prevenir a fadiga por compaixão. A compaixão é necessária no sentido de não nos esgotarmos com as demandas de sermos altruístas, produtivos e cuidadosos.

No que diz respeito aos bloqueios de contato, meu trabalho traz consonância com a arte japonesa do *kintsugi*.

A palavra *kintsugi* vem do japonês *kin* (ouro) e *tsugi* (junção), significando literalmente unir com ouro. A arte do *kintsugi* é denominada *kintsukuroi*, que significa *reparo com ouro*. Trata-se de um procedimento de reparo longo e extremamente preciso, que se desenrola em inúmeras etapas, durante várias semanas ou mesmo meses. Costuma-se dizer que às vezes é preciso 1 ano para realizar o melhor *kintsugi* (SANTINI, 2019, p. 10).

Como já salientado, a técnica do *kintsugi* serve de inspiração em meu trabalho como psicoterapeuta, sobretudo com pessoas que apresentam comportamentos autodestrutivos e que precisam lidar diariamente com lutos relacionados com a necessidade de abrir mão do conhecido para se lançar à aprendizagem no processo de transformar desconhecimento em conhecimento. Nessa direção, meu foco nos atendimentos tem sido compreender as nuanças que levam as pessoas a cristalizarem seus comportamentos e a se direcionarem para a autodestruição, utilizando assim as retroflexões disfuncionais como forma de contato principal em suas ações.

Quando uma pessoa *retroflexiona* um comportamento, trata de si como originalmente quis tratar de outras pessoas ou objetos. Para de dirigir suas energias para fora, na tentativa de manipular e provocar mudanças no meio que satisfaçam suas necessidades, e em vez disso redirige sua atividade para dentro e se coloca no lugar do meio como alvo de comportamento. À medida que faz isso, cinde sua personalidade em agente da ação e se torna literalmente seu pior inimigo (PERLS, 1988, p. 54).

Cabe salientar que o reparo não deve ser pensado para consertar os erros, mas proposto para *se reparar* no sentido de *observar* e de *atentar* para a necessidade de acolhimento da vulnerabilidade e fragilidade existencial – esse é outro ponto em que foco em meu trabalho como supervisora.

Santini (2019, p. 42) assinala que, com a arte *kintsugi*

[...] o reparo não só é visível, como é valorizado, sublinhado pelo ouro. O passado do objeto é assumido, ele transfigura. O objeto torna-se único, precioso, insubstituível.

O passado significa o retorno do conhecido e do controlável porque sabemos o que aconteceu, e é o reparo de *reparar* e de direcionar olhos e ouvidos para passearem pelas travessias que rumará para a outra margem, que significa futuro. Ainda segundo Perls (1979, p. 207):

O futuro é um vazio e nós caminhamos, por assim dizer, cegamente, com as costas voltadas a ele. No máximo, vemos o que deixamos atrás.

Observar e reparar no que tivemos de abandonar é tarefa árdua e que exige a ênfase do potencial da pessoa que nos procura para realizar o processo de psicoterapia. No livro *O cavaleiro preso na armadura*, Robert Fisher (2018, p. 25) transmite, a partir do diálogo entre o cavaleiro e Merlin, o seguinte ensinamento:

— Você é um grande felizardo. Está fraco demais para fugir.

— O que quer dizer com isso? — perguntou o cavaleiro.

Merlin sorriu em resposta.

— Uma pessoa não pode fugir e aprender ao mesmo tempo. Ela precisa permanecer algum tempo no mesmo lugar.

Não podemos "fugir e aprender ao mesmo tempo", e fugir tem seus propósitos, sobretudo quando nos sentimos vulneráveis. Conforme definição de Michaelis (2008, p. 920), vulnerável significa o "ponto pelo qual alguém ou algo pode ser atacado ou ofendido". Assim, é preciso auxiliar as pessoas no fortalecimento do *self* para que não entendam que o sofrimento é emoção de fraqueza. Ao contrário, penso que o sofrimento visto como afeto presente em todo ser humano nos pode levar à singularização. Fugimos porque não suportamos o sofrimento, e a forma de contato a que se deve dar evidência é a deflexão.

Quem usa a deflexão se envolve com seu ambiente mediante acertos e erros. Entretanto, para ele isso geralmente se transforma em muitos erros e com apenas alguns acertos — na maioria acidentais. Assim, ou ele não investe energia suficiente para obter um retorno razoável, ou a investe sem foco, e a energia se dissipa e evapora. Ele termina esgotado e com pouco retorno — arruinado (POLSTER, 2001, p. 86).

Capítulo 4 | Supervisão: Oportunidade para Levar nossos Olhos para Passear

Quem deflete expressa seu medo, e o medo é o contrário da ousadia. Quem é vulnerável precisa aprender a ousar, e durante todo o percurso da vulnerabilidade a travessia se torna difícil, pois somos obrigados a percorrer, ao mesmo tempo, o medo e a ousadia.

É preciso aprender a abrir mão do que é disfuncional, mas muitas vezes deveremos inicialmente enfrentar o medo de perder o conhecido e a zona de conforto. A ousadia permite reverenciar a autoria e reconhecer que a criação é da pessoa que experimenta situações novas. Ousadia é provocar ação do outro para inaugurar o diferente em si. Nessa direção, ousar exige o lidar com a precariedade, com o "lixo", com a falta de controle, com o "submundo" que nos habita, sobretudo com os sentimentos conflitantes decorrentes dos momentos de falta de lucidez e de clareza, promovendo muita confusão.

Realizar a travessia juntamente com aquele que deseja se autoconhecer para poder ampliar suas possibilidades existenciais é missão divina e sagrada. Assim, a relação psicoterapêutica se torna solo sagrado para que o cliente possa aprender sobre si e sobre suas interrupções com o objetivo de destruir o tóxico em sua vida. Nesse sentido, considero imprescindível a diferenciação entre aniquilar e destruir apontada por Perls, Hefferline e Goodman (1997, p. 149):

> Aniquilar é transformar em nada, rejeitar o objeto e suprimir sua existência. A *gestalt* completa-se sem esse objeto. Destruir (desestruturar) é a demolição de um todo em fragmentos para assimilá-los como partes num novo todo. Primordialmente, a aniquilação é uma resposta defensiva à dor, à invasão do corpo ou ao perigo.

Não falta absolutamente nada. Essa é uma crença impossível e utópica, até porque consideramos que atender alguém é trazer a própria humanidade de que sente falta, sente o vazio e, a partir dele, dá-se conta de suas necessidades. Nesse sentido, ousar em psicoterapia significa lidar com a falta e com a necessidade dominante que se configura no aqui e agora. Assim, além da psicoterapia, a supervisão tem sido a porta de entrada para transitar pelas histórias narradas pelos Gestalt-terapeutas, os quais tenho o privilégio de acompanhar.

Essas histórias de perdas muitas vezes desejam ser esquecidas por trazerem muito sofrimento. Não são as perdas que nos destroem, tampouco a lembrança delas, mas a omissão de enfrentamento dos sentimentos advindos das perdas. Desse modo, é necessário discriminarmos o que nos faz mal e o que nos nutre. Erroneamente pensamos que as perdas são o que nos faz mal; no entanto, no livro *Perdas no desenvolvimento humano* (2019, p. 77) trago a perspectiva de que as perdas podem ser educacionais:

> Uma lição que obtenho deste estudo é que as perdas são experiências da vida. Honestamente sei que o fato de aceitar a perda como parte da vida não me isenta de sofrer, fato esse que gostaria de evitar. Independentemente de escolhermos ou não a situação de perda, o sofrimento e a dor existem. Dessa maneira, meu foco pode diferir em termos de escolha, mas não em termos do sofrimento causado por essa escolha.

Em supervisão, gosto que "as ideias novas nasçam, ideias que nem mesmo o professor jamais pensou", como destaca a crônica de Rubem Alves supramencionada. Costumo dizer que não me sinto no direito de falar o que o supervisionando deveria ou não ter feito, pois era ele quem estava no *setting* terapêutico com seu cliente, sentindo as reverberações do campo. Não se trata, portanto, de supervisão no sentido de reparar os erros dos psicoterapeutas, mas de observar, juntamente com o profissional, a dinâmica do *self* e o fluxo de *awareness*.

Normalmente, em uma relação que envolve um terceiro, este se torna o excluído. Nesse sentido, enquanto supervisora de casos clínicos, coloco-me como essa terceira parte para acompanhar "a arte de restaurar histórias", inspiração de um dos livros da Gestalt-terapia de que mais gosto, de Jean Clark Juliano (1999), e reparar no recontar as histórias.

Segundo o dicionário Michaelis (2008, p. 746, grifo meu), restaurar significa "*restabelecer-se, recuperar-se*, consertar, reparar, retocar", e a meu ver, em se tratando de sofrimento existencial, restaurar se aproxima mais de se restabelecer no sentido de reassumir as forças emocionais, físicas e espirituais. Como nos alerta o livro *Perdas no desenvolvimento humano*:

> É nosso dever recuperar nossas vidas. Apesar da dor causada pela perda, temos de nos reconectar com a força, a esperança e o sentido de vida que nos é inerente. A maneira de lidarmos com o sofrimento é uma questão de escolha (FUKUMITSU, 2019, p. 81).

Aquele que me procura para supervisionar seus casos clínicos recebe parceria nesse testemunhar, e por esse motivo prefiro utilizar o termo *intervisão*, o que significa oportunizar momentos para a troca de experiências.

CAPÍTULO 4 | Supervisão: Oportunidade para Levar nossos Olhos para Passear

Juntos, supervisionandos e eu, aprendemos a lidar com a sensação de que não conseguiremos suportar a interrupção de nossos sonhos e as perspectivas de várias pessoas, *gestalten* inacabadas que provocam sofrimento.

A horizontalidade da relação entre supervisora e supervisionando é respeitada e me permite fortalecer o terapeuta em sua potência. Assim, não sou aquela que oferecerá respostas, tampouco direções, mas me torno facilitadora para a ampliação das possibilidades de cuidados e de intervenções em prol do acolhimento do sofrimento existencial.

Para onde seu olhar é direcionado? Essa é a pergunta que normalmente faço aos supervisionandos, sobretudo quando nos debruçamos sobre casos de pessoas em intenso sofrimento existencial e que mencionam suas ideações suicidas. Só olha para a luz aquele que suporta a escuridão.

A assertiva de Alvarez (1999, p. 135): "o argumento final contra o suicídio é a própria vida", é a direção principal de meu trabalho, ou seja, ao mesmo tempo que presto atenção no lado obscuro do comportamento autodestrutivo, acredito que será a energia do próprio comportamento autodestrutivo que fornecerá a potência para que a pessoa administre sua impotência, crença essa embasada pela afirmação de Perls (1979, p.17) de que "os opostos são potencial e realização (ou atualização). Um grão de trigo tem o potencial de se tornar uma planta e a planta de trigo é a sua realização" (FUKUMITSU, 2017, p. 89).

Digo isso porque, desde que li a epígrafe de François de La Rochefoucauld, Máxima 26, no livro *De frente para o sol* – "Nem o sol nem a morte podem ser olhados fixamente" – considero com cuidado o direcionamento de nossa atenção para as nuances implicadas na compreensão do sofrimento existencial, ou seja, atentar para as alternâncias entre luz e sombra, dor e amor e destruição como os paradoxos mais valiosos para inovar as possibilidades de enfrentamento das adversidades.

Em conversa com Claudia Werneck, em um bate-papo com os *Doutores da alegria* em 30 de outubro de 2020, aprendi que a "inclusão não está nos extremos, mas sim na liberdade que existe no meio". Assim, cuidar do sofrimento decorrente do sentimento de não pertencimento perpassa o caminhar em busca da integração de suas partes fragmentadas e que muitas vezes se tornam alienadas.

É no caminhar perdido daquele que ocupa o lugar de vulnerabilidade, por se sentir atacado e por não pertencer, que ele poderá se encontrar. Nesse sentido, é preciso se autorizar a permanecer em um "retiro existencial" e compartilhar momentos com pessoas significativas a fim de se fortalecer para equilibrar a invasão e apropriação e com vistas a construir um território de intimidade, privacidade e identidade.

CB 69 ED

Em 14 de dezembro de 2013, Yolanda Cintrão Forghieri disse algo que me tocou profundamente. Falou que nossa missão, a dela e a minha, era incluir "amor e solidariedade na ciência". Conforta-me identificar, dentre as várias facetas que a A.D.E.M.* foi tomando, que o *Amor* foi a única palavra que se manteve em diversas significações. [...] Pensando bem, é o amor o sentimento em que mais investi em minha existência com o objetivo de recebê-lo em via de mão dupla (FUKUMITSU, 2019, p. 63).

A supervisão também requer o compartilhamento de artigos e livros que nos direcionem para a confecção de fichamentos, de modo a nos ajudar a resumir, reassumir e digerir o conhecimento, ou seja, as leituras e fichamentos fazem parte do construto de um psicoterapeuta. É a partir da supervisão que assumo a integração dos papéis tanto de psicoterapeuta como de professora.

Como professora, aprendi com Rubem Alves (2011, p. 117): "Dizem os professores universitários que somente são dignas de reconhecimento acadêmico as ideias que têm *pedigree* reconhecido, isto é, aquelas que têm uma teoria como mãe e um método como pai." Mais adiante, o autor ensina sobre a diferença entre a aula e o seminário:

A aula clássica é assim. Deve ser assim. É preciso que os alunos comam o que todos comem: matemática, geografia, história, física, química, filosofia. O professor prepara sua aula. [...] A palavra "seminário" vem de sêmen. Seminário não é aula. Seminário não é transmissão de saberes de outros. É transa, para que haja gravidezes e ideias novas nasçam, ideias que nem mesmo o professor jamais pensou. Num seminário o professor é também um aprendiz. Na aula, o aluno recebe um saber do outro. *O objetivo do seminário é diferente: que todos, juntos, por meio dessa orgia espermática, fiquem grávidos e comecem a parir"* (pp. 120-121, grifo da autora).

É a partir da articulação entre teoria e práxis que o desenvolvimento do psicoterapeuta pode se fazer de modo a estar a serviço do foco da ampliação de *awareness* para a conquista do bem-estar e, como ensina Perls (1988, p. 17):

Se não nos podemos compreender nem entender o que fazemos, não podemos pretender resolver nossos problemas nem esperar viver vidas gratificantes. Porém, tal compreensão do *self* envolve mais que o entendimento intelectual habitual. Requer sentimento e sensibilidade.

---

* N.A. ADEM: *Acute Disseminated Encephalomyelitis.*

CAPÍTULO 4 | Supervisão: Oportunidade para Levar nossos Olhos para Passear

Como aprendi com Maria Cecília Peres do Souto, minha eterna professora, como psicoterapeutas "somos guardiões do foco", e por isso cabe ao terapeuta acompanhar as vicissitudes das vidas dos clientes para que recebam um testemunho ocular de quem os atende, respeito para com suas escolhas e um olhar humanizado para que seu foco seja preservado e subsidiado para a observação das interrupções de contato, compreensão das interdições e percepção dos comportamentos cristalizados. Como supervisora, sou guardiã do foco para que meu supervisionando possa se sentir acompanhado e assistido no desenvolvimento de sua *arte de restaurar histórias*.

Finalizando, compartilho uma das histórias mais pungentes que li a respeito da lealdade, contada por Remen (2001, pp. 9-10). Ela menciona que seu avô sempre levava um presente quando a visitava. Aos 4 anos de idade, seu avô levou um pequeno copo de papel, cheio de terra, e solicitou que ela colocasse água no copo todos os dias, acrescentando a possibilidade de que "alguma coisa poderia acontecer".

Foram 3 semanas de colocar água, esquecer de regar e a vontade de devolver o presente, o que foi recusado com a frase: "Todos os dias, Neshumele." Eis que em uma manhã, após a terceira semana, surgiram duas minúsculas folhas verdes que ali não estavam na noite anterior e cuja descrição segue nas palavras da autora:

Fiquei perplexa. Dia após dia elas iam ficando maiores. Mal podia esperar para contar ao meu avô, certa de que ele também ficaria surpreso. Mas ele, é claro, não ficou. Com todo cuidado vovô me explicou que a vida está em toda parte, escondida nos lugares mais simples e inesperados. Isso me deixou encantada.

— E só precisa de água, vovô? Indaguei.

Delicadamente, ele tocou o alto da minha cabeça.

— Não, respondeu meu avô, só precisa de sua lealdade.

Talvez essa tenha sido a primeira lição sobre o poder de servir, mas naquela época não entendi dessa forma.

Meu avô não usaria essas palavras. Ele diria que precisamos nos lembrar de abençoar a vida ao nosso redor e dentro de nós e diria que, quando nos lembramos e podemos abençoar a vida, somos capazes de reconstruir o mundo.

Ousar como supervisora significa doar aquilo que é possível e rumar no ato da dedicação e da lealdade. Dessa maneira, o atendimento em supervisão clínica, segundo a perspectiva da Gestalt-terapia, exige certa ousadia como ato de ofertar nossa própria generosidade em prol do outro.

A supervisão é território fértil que faz com que a gente possa compartilhar, com competência sutil, a possibilidade de que nossas ocupações estejam a serviço do amor que habita em nós. Perls (1977, p. 92) afirma que "o futuro se arranja sozinho". A supervisão deve primar pelo olhar sistêmico, que tenta buscar onde ainda há amor, apesar da dor que o supervisionando percebe em seu cliente. Não se trata de ter o profissional uma *super visão*, mas uma *intervisão* que, segundo a perspectiva gestáltica, é a possibilidade de várias colheitas e de sementes que devemos regar diariamente para manter a seiva da vida. Assim, nos tornaremos leais com aquilo que é significativo para cada existência. Eu acredito. E você?

REFERÊNCIAS

ALVAREZ, A. O Deus Selvagem: um estudo do suicídio. São Paulo: Companhia das Letras, 1999.

Iberê Guarani M'byá. In: Pré-abertura do XVII Encontro Nacional Gestalt-terapia e XIV Congresso Brasileiro Abordagem Gestáltica, em 22 de outubro de 2020.

ALVES, R. O amor que acende a lua. 15. ed. Campinas-SP: Papirus, 2011.

FISHER, R. O cavaleiro preso na armadura: uma fábula para quem busca a trilha da Verdade. Rio de Janeiro: Record, 2018.

FUKUMITSU, K.O. A vida não é do jeito que a gente quer. 2. ed. São Paulo: Editora Lobo, 2019.

_____. Facetas da autodestruição: suicídio, adoecimento autoimune e automutilação. In: FRAZÃO, L.M.; FUKUMITSU, K.O. (orgs.) Quadros clínicos disfuncionais e Gestalt-terapia. São Paulo: Summus Editorial, 2017.

_____. Perdas no desenvolvimento humano: um estudo fenomenológico. 3. ed. São Paulo: Editora Lobo, 2019.

JULIANO, J.C. A arte de restaurar histórias: o diálogo criativo no caminho pessoal. São Paulo: Summus Editorial, 1999.

LAGO, K.; CODO, W. Fadiga por compaixão: o sofrimento dos profissionais em saúde. Rio de Janeiro: Vozes, 2010.

PERLS, F.; HEFFERLINE, R.; GOODMAN, P. Gestalt-terapia. São Paulo: Summus, 1997.

PERLS, F. A abordagem gestáltica e testemunha ocular da terapia. 2. ed. Rio de Janeiro: LTC, 1988.

PERLS, F.S. Escarafunchando Fritz: dentro e fora da lata de lixo. São Paulo: Summus editorial, 1979.

POLSTER, E.; POLSTER, M. Gestalt-terapia integrada. São Paulo: Summus, 2001.

REMEN, R.N. As bênçãos do meu avô: histórias de relacionamentos, força e beleza. Rio de Janeiro: Sextante, 2001.

SANTINI, C. Kintsugi: a arte japonesa de encontrar força na imperfeição. São Paulo: Planeta, 2019.

YALOM, I.D. De frente para o sol: como superar o terror da morte. Traduzido por Daniel Lembo Schiller. Rio de Janeiro: Agir, 2008.

A CLÍNICA DE GESTALT-TERAPIA: UM MODO DE SUPERVISÃO

Silverio Lucio Karwowski

INTRODUÇÃO

Segundo Boris (2008), embora a supervisão clínica seja um dos elementos mais importantes na formação do psicoterapeuta, pouco se tem publicado ou discutido a esse respeito. Quando se trata do processo de supervisão em Gestalt-terapia, as publicações são ainda mais escassas ou inexistentes. Escrever a respeito, ainda que do ponto de vista heurístico, pode ser de valia para a abordagem gestáltica examinar sua epistemologia, para os psicoterapeutas balizarem sua experiência e para estimular a ousadia da escrita e da revelação em âmbitos temerários e incertos.

Trato aqui da exposição de minha experiência de supervisão da forma efetivamente como acontece, livre dos deverias e prescrições ideais da ação em psicoterapia, quase em uma descrição fenomenológica pura e ingênua. Se o contato se der em profundidade, alguns sentidos poderão emergir, ainda que apenas peças inconclusas de um quebra-cabeça sem a figura de referência.

A descrição de uma primeira seção de supervisão com um de meus grupos me parece suficientemente apropriada como forma de aceder a experiência e ensaiar alguns sentidos. A partir daí, a exposição de seu desenvolvimento toma forma e possibilita elaborações pertinentes, a fim de permitir ao leitor maior proximidade com a interseção teórica.

E CHEGAM OS SUPERVISIONANDOS

Minha aluna, 20 e poucos anos, vem para sua primeira experiência de supervisão comigo em Gestalt-terapia. Sua presença se deve à necessidade de cumprir uma carga horária de supervisão no curso de Especialização Clínica em Gestalt-terapia do instituto que dirijo. Não fui o primeiro supervisor de sua escolha, pois o instituto dispõe de outros supervisores, cada um com seu estilo e entendimento da especialidade, embora nos esforcemos ao máximo para adotar uma linguagem comum.

Sua escolha não se deu por afinidade, mas por uma questão de adequação de horários, embora ela afirme sua admiração por mim, ao mesmo tempo que justifica seu medo em função de minha fama de exigente. Sinto, mais que em sua fala, em sua presença um misto de obrigatoriedade, de justificativa e medo, ora se alternando, ora se complementando e também denunciando o teor de relação que dali em diante poderá se estabelecer.

Ao ouvi-la em silêncio, dou-me conta de que esse é apenas um dos riscos que preciso correr de forma cuidadosa, e esse silêncio valorizado tem a missão de fazer calar em mim um sentido, ainda ignorado, meio difuso e impreciso em seu olhar e em meus ouvidos. Ao mesmo tempo que sei do perigo iminente que a cada encontro estará rondando, também me dou conta de que o desencontro poderá ocorrer ou não, de que a suposta negatividade apresentada terá sempre o correlato de recantos contíguos a serem descobertos, explorados, compreendidos e postos à disposição do aluno, pois ainda não é possível saber se essas impressões são efetivamente nocivas.

A descoberta pede como preço a ousadia. A aprendizagem em Gestalt-terapia jamais se desvincula de uma implicação pessoal, quer o aluno esteja ciente ou não; e esse foco na vivência, tal como acontece comigo quando me dou conta de minhas impressões acerca da presença da aluna, se levado a termo, pode assustar, espantar e impedir. E pode também, com equivalência, abrir, impulsionar e fortalecer, mas a escolha não é fortuita.

A colega da aluna, já com seus 30 e tantos anos, se declara presente pela escolha exata por mim como supervisor. Diz que seus horários eram a princípio incompatíveis e que ela precisou fazer alguns arranjos em sua rotina para estar presente: acordos com o marido para ficar com as crianças, mudanças nos horários de consultório e até pedir ajuda à mãe. Argumenta já saber de meu estilo e que estava ali por isso, disposta a se abrir e aprender, pois tinha certeza de que eu não erraria, dadas minha experiência e projeção como clínico.

Nesse momento, o sentido de meu silêncio foi ameaçado pela iminência da satisfação. A satisfação dançou em torno de mim e me fez lisonjas; meu lado carente ensaiou um sorriso de retribuição e eu, calmamente, me refreei e me recolhi novamente ao silêncio de olhos e lábios. Dou-me conta outra vez de minhas experiências e percebo, na suposta positividade refletida na aceitação, disposição e certeza, a mesma possibilidade de desencontro agora presente pelo reconhecimento de um não eu, uma descrição de profissional em que eu não me reconhecia, mas que secretamente desejava ser, sabendo o quanto esse desejo poderia se tornar ameaça para o sucesso de nossa relação.

Quando sua expectativa me cobre de certezas, torno-me prisioneiro do acerto e, por isso mesmo, refém da correspondência e do medo, penso em silêncio. Apreender, mais que aprender: a aprendizagem nesse caso não passa pela destituição da escolha do que vem, mas pelo estado de abertura ao inesperado e indesejado, acolhendo os sentimentos advindos dessa experiência, com a esperança de apreensão de seus sentidos. Tolho-me dos agradecimentos, das confirmações não verbais, e corro agora o risco da antipatia: "Ele não confirmou o que eu disse...". Olho no entorno e mais um supervisionado quer se pronunciar.

O colega agora fala de sua inexperiência como clínico e de anos de prática em instituições sociais. Aborda suas tentativas de chegar à clínica, entremeadas pelos progressos e regressos nas instituições. Relata o quanto considera desgastante seu trabalho e como a prática clínica poderá representar uma mudança de qualidade de ofício e consequentemente de estilo de vida. Diz que a instituição o suga bastante e que ele só tem uma noite na semana, das 19 às 22 horas, disponível para o estágio, mas, como nunca fez terapia, acredita que os pacientes não ficarão por muito tempo.

Não se refere a mim como supervisor nem às falas das colegas, pois está às voltas com um debate em torno de sua identidade. Volto-me de novo às minhas experiências internas e não encontro ressonância. Pareceu haver uma ruptura com relação às temáticas colocadas por suas colegas e me sinto um pouco perdido, não visto por ele, ou desfocado. Ser ignorado me transporta para o ressentimento e me sinto instigado a me refugiar na mágoa devido à ausência de importância. Outra armadilha para o desencontro, pois não sou mais eu o empecilho ou o impulso para a aprendizagem e o desenvolvimento de um pensamento clínico, tal como posto pelas colegas.

Seu acontecimento reside no destino, senhor de todas as ocorrências de proximidade e distanciamento. Curiosamente, a clínica surge como uma esperança abstrata, não vivida e não disponível para a vivência, seja no âmbito da psicoterapia pessoal, seja no âmbito da abertura de horários suficientes para receber os pacientes.

Um desejo de acontecimento mágico me assola, como se eu pudesse, ao longo do caminho, fazer uma descoberta sagaz, uma colocação pertinente e eficiente, demovendo-o de seu estado de letargia existencial.

Refugio-me no silêncio, agora transfigurado em uma certa aceitação de suas perspectivas, mas também em uma desconfiança em relação a seu progresso. A aprendizagem se esconde, nesse momento, na manutenção de um distanciamento esperançoso e me sinto obrigado a buscar minhas próprias experiências frustradas. Em tese, minhas frustrações me aproximam da experiência do supervisionando, fazendo que eu valorize sua dor e me impeça de desqualificar o estado em que se encontra. Dessa vez, silenciosamente confirmo suas colocações, balançando a cabeça afirmativamente. A confirmação não pretende a aceitação, mas o reconhecimento da força de sua dor.

Os outros dois colegas – normalmente faço supervisão em grupos de cinco pessoas – replicam as falas dos anteriores, ora confirmando um aspecto, ora refutando outro. Entre uma ênfase aqui e ali, noto uma certa circularidade. Nesse momento, lembro-me dos movimentos de grupo, em que a pessoa se refugia no "todos nós", replicando as falas iniciais como forma de se ocultar, posição considerada pouco ameaçadora para o início do trabalho ou para aquele que não pode se apresentar, seja na presença efetiva de um si-mesmo, seja no reconhecimento da inexistência desse si-mesmo.

Sou tentado a avaliar as exposições e percebo outra possibilidade de desencontro: tomar toda resistência como negativa entorpece a flexibilidade e turva a visão. Reconecto-me às falas anteriores, cuja síntese havia apontado para o medo e a rejeição, a aceitação tácita e a ignorância. A réplica, tanto quanto dissimular o si-mesmo, funciona como confirmação das exposições anteriores, reacendendo os sentimentos antes percebidos e vividos por mim.

O encontro então se estabelece da maneira possível, carregado de impressões, expectativas e desejos que precisam ser inicialmente identificados e aceitos do modo como aparecem. Posteriormente poderão ser compreendidos e entendidos para, à medida que assim se justifique, serem expostos ao grupo com a finalidade de apropriação de seu sentido.

Dou-me conta, pelos assuntos que abordam e pelo quanto se aprofundam ou não nos assuntos, que se trata de um grupo, embora com um convívio contínuo, de pouca profundidade nas relações, apontando mais para uma relação de coleguismo do que para o conhecimento de suas características pessoais e o convívio com elas.

Duas ou três dessas pessoas parecem fazer poucos encontros ocasionais, nos quais primam por tentar aprofundar as relações, girando quase sempre em torno das temá-

COMENTÁRIOS TÉCNICOS

As descrições expostas neste capítulo são de um grupo de supervisão típico de formações, especializações ou graduações na área clínica. Não existe uma correspondência com um grupo específico que eu já tenha atendido nem se trata de pura imaginação, ou seja, é fruto de minhas diversas experiências e também de minha criação desses personagens.

O propósito da supervisão é aprender ou aprimorar a aprendizagem em psicoterapia, normalmente com grupos constituídos por cinco a dez pessoas. À medida que se aproxima de dez membros, o grupo pode perder a possibilidade de exposição de todos os casos, por isso prefiro, sempre que possível, manter no máximo seis psicoterapeutas.

Um grupo de supervisão apresenta a mesma dinâmica de qualquer outro grupo, havendo diversas modalidades de entendimento do funcionamento de grupos, cada uma com um propósito e atrelada a uma ou mais teorias específicas. No Brasil, na minha avaliação, a melhor publicação sobre psicoterapia de grupo é o *Compêndio de psicoterapia de grupo*, cuja última edição foi lançada em 1996. Embora se trate de uma publicação antiga, esse trabalho reúne todas as teorias e práticas de grupo, oferecendo um panorama real do que é e de como era a psicoterapia de grupo até a data de sua publicação. Acredito que fundamentalmente poucas modificações ocorreram da década de 1990 para cá.

Em meu caso, como o propósito do grupo de supervisão não é a psicoterapia, opto por examinar a "dinâmica do grupo" a partir dos sentidos surgidos e das relações estabelecidas. Um entrecruzamento das dimensões interpessoais, intrapessoais e suprapessoais produz uma leitura suficiente do grupo para que eu possa considerar a temática em questão, seu sentido (o que inclui sua significação e finalidade) e sua contribuição ou impedimento para a realização da tarefa do grupo. Como o propósito deste capítulo não é examinar o trabalho com grupos, deixo aqui apenas algumas elucidações sobre como lido com o grupo de supervisão, a fim de clarear melhor para o leitor como acontece a dinâmica da supervisão.

Considerando que o Gestalt-terapeuta é seu principal instrumento, quando estou no papel de supervisor, registrar meus próprios sentimentos e impressões, assim como fantasias e pensamentos, torna-se um caminho para a compreensão e para o entendimento do grupo, seja daquilo que está explícito nas falas verbais e não verbais, seja do que está vigente no campo da dinâmica grupal. A exposição das expectativas e desejos em relação à supervisão permite ao supervisor não apenas alinhar o que poderá ser atendido, mas também perceber o que pode contribuir para ou impedir a consecução da tarefa: aprimorar a prática clínica de psicoterapia.

No caso específico do grupo citado – é claro que há grupos com as constituições as mais diversas – a identificação das rejeições, fantasias de onipotência e rigidez em relação ao supervisor, a atribuição ao destino de uma ocorrência clínica etc., revela o quanto os psicoterapeutas iniciantes atribuem a responsabilidade (no sentido existencial do termo) pelo sucesso do processo de aprendizagem e aprimoramento da prática psicoterápica a algo externo a si; na verdade, algo bem semelhante ao que faz a maioria dos pacientes em psicoterapia.

Ao mesmo tempo, entendo que a legitimidade de minha posição em meu papel de supervisor não se dá por eu ter uma "super" visão ou "visão superior", muito menos por me manter em uma posição fiscalizatória em relação à técnica ou ainda por assegurar o poder de transmissão do conhecimento de uma prática psicológica. Sinto-me não em uma posição de onipotência em relação ao tratamento do adoecimento psíquico, mas em um humilde caminho de aprendizagem do encontro com o outro em sua inteireza, onde o sofrimento psíquico se torna um ponto importante para o surgimento do ato compreensivo, caminho privilegiado para o restabelecimento do "si mesmo" que, como disse Buber, só é passado de um ser humano para outro.

Em relação à aprendizagem do "ser terapeuta", a maior conquista diz respeito ao encontro e convívio com a angústia, que surge quando se dissolvem as estruturas de sentido habituais da cotidianidade. O aluno, como nos disse metaforicamente em aula a saudosa Jean Clark Juliano (1942-2016), está perdido, e a diferença entre o aluno e o professor é que o professor também está perdido. Mas ele está perdido há mais tempo e, portanto, tem mais experiência com a angústia das incertezas e descobertas incertas.

Quanto ao grupo, considero que explicitar seu movimento no primeiro encontro é uma intervenção prematura. É necessário que haja profundidade e aceitação dos participantes de si, do modo e da posição em que se encontram como psicoterapeutas para que lentamente se apropriem da responsabilidade por seu crescimento.

CAPÍTULO 5 | A Clínica de Gestalt-Terapia: Um Modo de Supervisão

Segundo outras publicações, os iniciantes estão por demais focados em si mesmos (BORIS, 2008, p. 168), lidando com fantasias de competência que envolvem mais a tarefa do psicoterapeuta, as características e condições do cliente e suas habilidades para atendê-los, a situação de exposição em supervisão (SÁ, 2010, p. 136), do que as habilidades a serem desenvolvidas, como a escuta qualificada, cujo foco essencial diz respeito ao ato compreensivo. Ouvi-los atentamente em relação à sua temática e possibilitar que seus medos e angústias sejam explicitados sem reservas ou críticas se constitui em um passo importante para que possam eles mesmos também se colocar em uma escuta sem reservas ou críticas com seus pacientes.

OS SUPERVISIONANDOS RECEBEM
AS PRIMEIRAS ORIENTAÇÕES

A pós um alinhamento das expectativas, de revelar nosso propósito no grupo e fazer exposições objetivas sobre a instituição, começo as primeiras orientações sobre o processo de supervisão.

Esclareço o objetivo específico da supervisão (ensinar e aprimorar a prática da psicoterapia) e os objetivos correlatos: aprender as fases da psicoterapia e os procedimentos específicos em cada uma delas, elaborar psicodiagnóstico, estabelecer um plano de tratamento e realizar o manejo da relação psicoterápica.

Diante dessa exposição, normalmente os Gestalt-terapeutas se mostram um pouco perplexos, pois não esperam uma elaboração tão didática e inicialmente podem confundir minha organização com obsessividade ou rigidez. A visão reinante a respeito da Gestalt-terapia parece ser a de uma abordagem desorganizada, fundada mais na impulsividade do que em um arcabouço conceitual consistente, visão essa originária de pouca leitura na abordagem ou de interpretações a partir das "demonstrações" perlsianas primárias, não cabendo fazer aqui fazer qualquer julgamento.

Também surpreende aos alunos o fato de eu falar em um *plano de tratamento*, e aqui novamente confundem planejamento com rigidez: é como se para eles, diante de um território a atravessar, o ato de reunir apetrechos, instrumentos e gêneros alimentícios significasse necessariamente o estabelecimento de um caminho prévio, ainda que o trajeto seja totalmente desconhecido, mas sabemos bem que os instrumentos levados para atravessar uma floresta podem ser muito diferentes dos necessários em um terreno árido, um pântano ou uma superfície gelada.

CB 79 BO

Trata-se da identificação do tipo de terreno e dos recursos necessários para se estar nele, e não da delimitação do trajeto e do que fazer diante de cada situação. A confusão do mapa com o território, o entendimento do território e de suas necessidades, a meu ver, são antigos problemas na prática de psicoterapia. Lembro-me sempre do saudoso Paulo Barros, que ensinou de maneira brilhantemente metafórica que para desfazer uma bruxa são necessários "uma montanha de brandura, dois lagos de tranquilidade e uma floresta de algodão" (BARROS, 1994, p.13). Com certeza, é sabido que não se desfaz um mártir com os mesmos apetrechos. E um covarde, então, quais apetrechos não requer?

A fim de ajudar o aluno a se lembrar dessas informações, costumo disponibilizar no *site* do instituto ou na plataforma do curso as informações que são passadas verbalmente, desde os objetivos da aprendizagem e as ações para atingi-los até os procedimentos para a obtenção de uma participação mais efetiva na supervisão. O registro serve para uma consulta periódica em caso de dúvidas, esquecimento do processo ou até mesmo como referência para a sugestão de mudanças na forma como é realizada a supervisão.

LEITURAS INTRODUTÓRIAS

Costumo inserir um roteiro prévio de leituras consideradas *necessárias*, e que têm a missão de ajudar os psicoterapeutas no entendimento da psicoterapia como um todo, e *ocasionais*, referentes ao suporte para cada um dos casos em questão, que variam de acordo com os temas, as dificuldades e os modos de entendimento encontrados. Dessa maneira, uma sessão de supervisão de 2 horas tem sua primeira meia hora voltada para a discussão de aspectos relevantes aos textos lidos, e a hora e meia restante é destinada à exposição e apresentação dos casos com ligeira variação na duração dessas fases. Alguns grupos, em virtude de sua constituição, dão mais ênfase a aspectos teóricos do que práticos, flexibilizando o modo como os textos ou discussões de caso ocupam o tempo ao longo de todo o processo de supervisão.

Entre os textos necessários, recomendo o capítulo 2 do livro de Hycner (1995) intitulado *A profissão paradoxal* e que, como o próprio título elucida, apresenta os paradoxos vividos pelo psicoterapeuta e a relativa dramaticidade dessa profissão. Esse texto, de uma constituição mais densa e reflexiva, acaba por mobilizar sentimentos

CAPÍTULO 5 | A Clínica de Gestalt-Terapia: Um Modo de Supervisão

bastante diversos nos supervisionandos, desde a perplexidade diante de uma atividade que antes romantizavam até o alívio pela descoberta de que suas experiências antagônicas, antes combatidas e conflituosas, podem ser integradas como pertinentes e adequadas no processo psicoterápicos.

A riqueza dessas discussões e dos relatos dos psicoterapeutas é quase indescritível, e eu necessitaria de mais algumas tantas páginas para reproduzi-la. Cumpre apenas dizer que as discussões sobre o texto auxiliam os psicoterapeutas a quebrarem o encasulamento, apontado por Hycner, e a reconhecerem a primazia do *entre* como o caminho necessário para seu próprio crescimento e também de seus pacientes. Entendo que o reconhecimento do *entre* é um bom começo para um psicoterapeuta de abordagem gestáltica.

Os dois textos seguintes, de Bucher (1989), pretendem fazer uma alusão à psicoterapia desde seus elementos antropológicos – que acabam por se constituir como ontológicos de toda relação de ajuda, como a psicoterapia – até a fenomenologia da relação psicoterápica que, segundo o autor, se justifica em razão de a fenomenologia oferecer uma compreensão mais pertinente dos processos psicoterápicos a partir da análise do *Dasein*, da linguagem, da intersubjetividade e das significações especificamente humanas da existência.

Essas alusões e o exame delas em articulação com a psicoterapia são construções suficientemente importantes para que os supervisionandos compreendam o aspecto irrecusavelmente fenomenológico da tarefa da psicoterapia. A discussão em profundidade desse texto propicia aos supervisionandos uma relação estreita e profunda com sua tarefa, ao mesmo tempo que os coloca no centro do processo psicoterápico e os retira do papel de agentes da psicoterapia de outrem.

Os textos seguintes, mais instrumentais e objetivos, trazem uma série de informações práticas, de maneira bastante didática e objetiva. Os autores (ZARO et al., 1980) abordam as expectativas iniciais dos psicoterapeutas, suas responsabilidades, a forma de se preparar para a entrevista inicial e até mesmo a necessidade de consulta a terceiros. A leitura desses textos elimina uma grande quantidade de dúvidas e ansiedades a respeito do início do trabalho de psicoterapia, deixando o espaço da supervisão com maior foco nos pacientes com os quais os supervisionandos entrarão ou estão em contato e em seus sentimentos e impressões especificamente relativos a eles.

 басто 81 ෩

SUPERVISÃO EM GESTALT-TERAPIA
O cuidado como figura

UMA SESSÃO DE SUPERVISÃO

É sabido que existem vários modos de se realizar supervisão seguramente a partir do exame de um caso (WILLIAMS, 2001). Em meu entendimento fenomenológico do processo de supervisão, quanto mais próximo o grupo estiver da experiência de atendimento do profissional em questão e quanto menos elementos intervenientes houver, maiores serão as possibilidades de ajudar o aprendiz no processo. Esse desejado modo de acesso mais direto poderia ter início em diversos pontos ou momentos: na explicitação pelo psicoterapeuta-aluno de seu problema ou dificuldade; na apresentação livre do caso, do modo como preferir; na exposição de si mesmo como psicoterapeuta; na apresentação de uma versão de sentido (BORIS, 2008) ou até mesmo pela elaboração de um estudo de caso clínico, dentre outras tantas maneiras.

Opto por um procedimento mais didático, embora a muitos aparente menos livre, orientando os alunos a se prepararem para a sessão de supervisão mediante a organização prévia do caso que pretendem examinar, procedimento esse que os auxilia a ter uma visão geral sobre o caso, sistematizar um pensamento clínico e levantar suas dúvidas e impressões de maneira mais detalhada e aprofundada. Para tanto, solicito que eles tragam para a supervisão do caso clínico: *a apresentação do paciente (dados biográficos e queixa), impressão psicodiagnóstica, achados, relato cursivo, sentimentos e dificuldade pessoal.*

Em uma sessão de supervisão, após a discussão de textos, caso existam, o aluno responsável pelo caso a ser examinado faz a apresentação do paciente, expondo inicialmente os *dados biográficos*. Embora o que seja considerado dados biográficos possa variar de autor para autor, em minhas supervisões de estágio os trato como os dados mais objetivos (verificáveis) do paciente: idade (exata ou aproximada), número de irmãos, se os pais estão vivos ou falecidos, com quem reside, se é casado ou solteiro, se tem ou não filhos, a profissão e, caso seja estudante, o grau de escolaridade e o curso (se estudante universitário).

Apesar de a apresentação inicial desses dados poder contrariar uma orientação fenomenológica rigorosa, acredito ser importante que o grupo de estágio se situe em relação às características objetivas principais do paciente para se aproximar do que está lidando o estagiário que está apresentando o caso.

Após a apresentação dos dados biográficos, o aluno relata a *queixa* trazida pelo paciente, a qual se constitui na "reclamação" propriamente dita; é o que ele afirma estar

CAPÍTULO 5 | A Clínica de Gestalt-Terapia: Um Modo de Supervisão

lhe incomodando, sua visão do problema ou o estado específico em que se encontra. É muito importante que o psicoterapeuta entenda que aquilo sobre o que o paciente reclama não se constitui necessariamente no foco de seu problema ou no que será o material de trabalho da psicoterapia. A queixa dirá respeito ao motivo pelo qual o paciente procura ajuda psicológica e que, em seu entender, é o problema, seja ele difuso ou específico.

Elemento bastante controverso em Gestalt-terapia, o psicodiagnóstico ou *impressão psicodiagnóstica*, como prefiro tratar, consiste na demanda do paciente ou no foco do problema propriamente dito. Não é minha intenção aqui discutir a pertinência ou não de um psicodiagnóstico para a abordagem gestáltica nem suas propriedades quando de sua adoção, pois entendo que essa temática já foi suficientemente examinada por Pimentel (2003) e dispensa alusões aprofundadas neste texto. Apenas quero lembrar de modo geral que em psicoterapia, grande parte das vezes, o paciente apresentará problemas relativos à sua personalidade e que eu prefiro nomear de *identidade psicológica* ou modo de ser. O estilo, "jeitão" ou modo específico de o paciente funcionar apontará para um padrão geral em seu funcionamento, contribuindo para aquilo que o torna singular, mas também para a *gestalt* complicadora de suas condições existenciais. É exatamente nesses aspectos que serão encontrados o estilo ou padrão de identidade, como já mencionei, o problema ou a condição psicopatológica e o sentido da condição psicopatológica.

Embora eu acredite que a noção de personalidade em Gestalt-terapia ainda precise ser mais bem discutida, uso como referência o texto de Pinto (2020), onde o autor considera a ideia de *estilo de personalidade*, noção que mais se aproxima de meu entendimento de identidade psicológica. Também se constitui de grande valia a aproximação que o autor faz entre os transtornos de personalidade dos DSM e o ciclo do contato da Gestalt-terapia, de modo que os supervisionandos são estimulados a compreender essa aproximação e como podem flexioná-la com o entendimento de seus pacientes.

Cabe ressaltar que, em uma visão fenomenológica rigorosa da psicoterapia, o psicodiagnóstico atribuído ao paciente não se constitui no adoecimento propriamente dito. O adoecimento estará no sentido para o qual o paciente precisou desenvolver e mantém seu modo de ser dito disfuncional. Hoje entendo o adoecimento como um impedimento para ser – aquilo que impede o paciente de se tornar a cada instante aquilo que ele pode ser.

Chamo de *relato cursivo* o registro escrito da sessão que o supervisionando considera ser a mais atual, ou seja, a que melhor representa o paciente ou mesmo a dificuldade que o psicoterapeuta está enfrentando. Desse modo, a mais atual não é a última, mas a mais representativa dentro do campo de seu atendimento.

O relato cursivo será então a narrativa mais detalhada possível da sessão, incluindo não apenas aquilo que o paciente diz e faz, mas também as falas (perguntas e afirmações), as intervenções, as fantasias, os pensamentos e sentimentos do psicoterapeuta à medida que a sessão vai transcorrendo (considero isso um elemento extremamente importante). A inclusão no relato cursivo de descrições sobre movimentos corporais e manifestações emocionais do paciente, para além do mero discurso apresentado, também é encorajada.

Esse elemento muitas vezes assusta e causa ansiedade no estagiário ou psicoterapeuta aprendiz, uma vez que o torna mais visível para seus colegas e para o supervisor, o que o leva a se sentir avaliado ou que ele mesmo se avalie antecipadamente (normalmente de maneira mais negativa) e tenha medo de se expor. É muito importante lembrar que no processo de acompanhamento supervisionado não há julgamentos morais do tipo certo ou errado, mas sim o exame de como determinados acontecimentos se apresentam e como se relacionam tanto com aspectos do paciente como do psicoterapeuta.

Assim, o supervisionando é estimulado a se expor, pois é a partir dessa exposição que muitas vezes se dá o processo de compreensão do paciente. Como um dos paradoxos da psicoterapia, aquilo que o psicoterapeuta sente, vive e sofre em psicoterapia diz mais respeito ao processo do paciente do que a ele mesmo como pessoa, embora nunca esteja desligado de sua singularidade.

Os supervisionandos têm dificuldade em elaborar o relato cursivo, o que demanda tempo, dedicação e esforço. Desse modo descobrem que o processo de supervisão inicia antes mesmo de estarem na sessão de supervisão, no momento em que começam a reunir ideias, acontecimentos e pensamentos e a selecionar o material que constituirá o objeto de supervisão. À medida que o grupo soma vários meses de trabalho em conjunto, os relatos cursivos passam a ser mais verbais e menos escritos, mas nem por isso menos ricos em detalhes e abrangência, como se os supervisionandos desenvolvessem uma sistematização do próprio pensamento, ganhando em profundidade, tempo e precisão aquilo para o que desejam orientação.

Quando falo dos *achados* anteriormente mencionados, me refiro às informações adicionais que vão surgindo durante o tratamento psicoterápico, as quais podem dizer respeito a dados objetivos (acontecimentos específicos) ou subjetivos (entendimentos ou significados atribuídos pelo paciente a um ou mais aspectos de sua vida). Normalmente, quando essas informações surgem, podem auxiliar o psicoterapeuta na compreensão mais aprofundada do caso ou com *insights* a respeito do funcionamento do paciente. Por isso, estimulo os supervisionandos a apresentarem na sessão de supervisão, após os dados biográficos, a queixa e a impressão diagnóstica.

Curiosamente, os *sentimentos* do psicoterapeuta estão entre os aspectos que eles encontram maior dificuldade em explicitar. Quando solicito que expressem seus sentimentos, esses podem dizer respeito ao paciente – o que o supervisionando sente pelo paciente ou qual sentimento do paciente o mobiliza –, a uma característica específica da sessão relatada, ao todo do atendimento ou a qualquer outro elemento que seja figura para o psicoterapeuta.

Muito comumente os psicoterapeutas começam a descrever suas impressões e entendimentos sobre o caso, mencionar características consideradas importantes, e assim por diante, evitando, de modo consciente ou não, o contato com os sentimentos mobilizados. As condições cognitivas, permeadas de elementos racionais e causais, promovem o afastamento do envolvimento do expositor com o objeto de sua fala, tendo prioridade espontânea nas apresentações de caso. Também é comum o psicoterapeuta temer o contato com esses sentimentos, mantendo uma crença irrefletida mais na exposição de si enquanto pessoa ou psicoterapeuta e menos na exposição do caso que apresenta.

Outra ocorrência frequente é, ao ser solicitada a identificação do sentimento, os psicoterapeutas declararem não ter sentido pena do paciente. A título de esclarecimento, acredito que isso acontece porque o sofrimento alheio costuma suscitar como correlatos instantâneos a pena, o compadecimento, a tentativa de ajuda e outras manifestações correlatas. Essa reação antecede o papel de psicoterapeuta, mais pertinente a características culturais e antropológicas, e por isso mesmo origina no psicoterapeuta iniciante a identificação de sentimentos de pena, deflagrando até mesmo um incômodo carregado de culpa quando isso não acontece.

Não é preciso lembrar o surgimento de sentimentos bastante díspares em psicoterapeutas experientes diante de seus pacientes, desde uma indiferença tácita até a presença de desprezo, tristeza e raiva. A comoção solidária, a ternura, o medo e outros sentimentos também são registrados.

Em função de uma presença paulatinamente mais genuína, sentimentos diversos e mais verdadeiros eclodem não como proibitivos, mas como *caminhos*: formas reais de acesso solidário à dor da existência do outro, em uma partilha que transcende à mera correspondência ou imediaticidade ingênua. Para além do abandono do outro à própria dor, é possível reconhecer sua crueza e, estranhamente, seu direito à vivência dessa dor como possibilidade de construção de sua própria inteireza. Ser inteiro advém do resgate e integração das partes, mesmo daquelas que mais se deseja eliminar.

A solicitação da identificação e contato com o sentimento em relação ao paciente tem um enraizamento triplo: (1) o princípio disseminado em Gestalt-terapia de que *o Gestalt-terapeuta é seu próprio instrumento* e que através da atenção em si mesmo poderá acessar o modo de funcionamento do paciente; (2) como fundamentação do primeiro ponto, o entendimento da inseparabilidade homem-mundo ou do ser humano como *Dasein*, fazendo o psicoterapeuta se tornar, no momento da psicoterapia, constitutivo do mundo do paciente; (3) a aceitação da experiência de se tornar o palco vivo das experiências do paciente (HYCNER, 1995) para assim acessá-las e dar ensejo a um ato compreensivo mais consistente.

Em meu entendimento, o ato compreensivo consiste no acesso à vivência do outro a partir de sentimentos que, em essência, já residem em mim, ontológicos que são, mas evocados na especificidade da relação com esse outro desnudo diante de mim. Desnuda-se pela linguagem que o revela – desde o dito ao não dito – e também pela vivência irreflexiva constatada em mim.

À medida que os psicoterapeutas, em um espaço de supervisão, começam a perceber que seus sentimentos pelos pacientes são tão genuínos e acessíveis, bem como valiosos instrumentos de acesso, promotores do ato compreensivo e de *insights*, eles se tornam menos defensivos nessa exposição, apuram a distinção entre sentir e pensar e ficam disponíveis não apenas para seu aparecimento, mas também para o surgimento dos "inesperados" em psicoterapia, pois, como dizia Rehfeld em referência a Heráclito, *é preciso saber esperar o inesperado*.

Após o exame dos sentimentos do psicoterapeuta, ele pode então apresentar suas *dificuldades* em relação ao caso. Essas dificuldades são multifacetadas e ensejam grande diversidade, aparecendo em decorrência da vivência específica dentro da sessão, do entendimento do paciente e de seu processo, da impressão psicodiagnóstica em questão, do erro ou acerto de uma ou mais intervenções, das estratégias psicoterápicas adotadas, do caso como um todo e até mesmo da pertinência desse caso à competência do psicoterapeuta.

Muitas vezes, no ato expositivo, alguns *insights* podem ser alcançados e alguma dúvida esclarecida, dados o debate e a reflexão evocados no processo, o que enseja

CAPÍTULO 5 | A Clínica de Gestalt-Terapia: Um Modo de Supervisão

maiores profundidade e disposição para a diversificação do olhar, beneficiando o psicoterapeuta proponente do caso, bem como todo o grupo, em razão do acompanhamento minucioso da exposição.

Em decorrência da apresentação do psicoterapeuta, os colegas do grupo formalmente ganham voz. Formalmente porque eles são livres para se manifestar e interferir, fazendo perguntas ou solicitando esclarecimentos ou a repetição de especificidades perdidas. Na maioria das vezes, surgem apenas solicitações de esclarecimentos, uma vez que os colegas preferem ter acesso à totalidade da apresentação. No momento de sua manifestação formal, os colegas são convidados a mostrar seus sentimentos, a impressão diagnóstica que lhes ocorre, seu entendimento sobre o caso e a dificuldade do colega e até mesmo as próprias dificuldades suscitadas pela exposição.

Embora outros em nada diminua, considero muito rico esse momento da supervisão devido à amplitude do debate e à pluralidade de olhares. Quanto mais diverso o olhar sobre determinado objeto, maior a possibilidade de acesso à verdade, pois, como nos ensina Heidegger, a essência da verdade não é a correspondência exata, mas o desvelamento (LORENZ, 2013). Desvelar pressupõe liberdade de acesso, o movimento de revelar e ocultar inerente a todo processo de conhecimento verdadeiro.

O EXAME DO CASO

Como mencionado previamente, existem diferentes formas de examinar um caso em supervisão, como diz Williams (2001, p. 137). Com o objetivo de melhor auxiliar o psicoterapeuta-aluno, costumo atuar com perguntas em conformidade com as demandas do caso e tenho por hábito produzir um exame tridimensional, incitando a articulação interna e uma familiaridade maior do psicoterapeuta com o pensamento clínico e com o manejo do processo de psicoterapia.

Abordo *o paciente* em suas condições vivenciais, *a psicopatologia* e suas articulações prático-teóricas, e *o psicoterapeuta* em suas vivências, entendimentos e intervenções. Denomino esses aspectos de dimensões por perceber sua inseparabilidade e ainda assim ser possível a inspeção de suas peculiaridades à medida das interferências em decorrência do caso.

Irei aludir brevemente a algumas dimensões, apesar das limitações impostas pelo reduzido espaço disponível.

87

ℭ O paciente

O paciente sempre se apresenta com uma queixa ou motivo que o levou a buscar ajuda profissional. É nessa veste que o sofrimento toma corpo e irrompe a instância do silêncio. A fala como fixação de sentido (KARWOWISKI, 2014 – Não publicado) precisa ser formalizada e exposta para registro e apreensão do momento e também de uma história. A articulação dessa queixa com a historicidade do paciente e com a dinâmica de suas relações (incluindo a relação com o psicoterapeuta) propiciará o evento da impressão psicodiagnóstica.

Afirmo aqui meu entendimento sobre *história do paciente* no que concerne aos relatos de eventos significativos apresentados por ele, sejam os mencionados dentro do entendimento que o paciente tem da divisão formal do tempo, muitas vezes focados no passado, sejam os que estão além disso, em sua hermenêutica existencial, ou seja, sua temporalização: a forma como eventos significativos são constituídos, percebidos e interpretados em seu existir.

Em Gestalt-terapia o tempo não existe enquanto substância formal em que estamos imersos, pois tempo é ser. Em consequência, os eventos significativos estão ao mesmo tempo na própria relação com o psicoterapeuta e em lugar nenhum, históricos que são. Os atos históricos nada mais são do que modos de acesso ao ser do paciente e aos modos que se articulam seus impedimentos para ser.

A dinâmica das relações do paciente (lembrando que ser é sempre relação) ou o modo específico de se relacionar acaba por produzir modalidades do ser, as quais podem ser agrupadas segundo suas características semelhantes para a construção de tipologias, chamadas de personalidades.

A identificação do estilo de personalidade do paciente se constitui exatamente na identificação do tradicional paradigma psicopatológico. Para ensejar melhor entendimento de uma perspectiva de psicopatologia, fiz em outro texto uma exposição da psicopatologia fenomenológica e seus desdobramentos (KARWOWSKI, 2015), trabalho a que remeto o leitor para aprofundamento em uma noção de psicopatologia que singulariza o ser. O adoecimento, em coerência com uma abordagem de psicopatologia fenomenológica, não reside mais no paciente, detentor de todos os males ou ausência do ser normal, nem no psicoterapeuta, detentor dos instrumentos e construtos capazes de delimitar normalidade e anormalidade. O adoecimento reside no entre, de maneira a se instar concomitantemente no terapeuta e no paciente, e para além deles.

De modo prático, as dificuldades apresentadas pelo paciente e relatadas pelo supervisionando já existem tanto no psicoterapeuta como no paciente, só fazendo senti-

CAPÍTULO 5 | A Clínica de Gestalt-Terapia: Um Modo de Supervisão

do por essa possibilidade. Permitir que essas dificuldades se revelem no psicoterapeuta em si é uma gentileza do clínico, é um modo de acessar sua própria humanidade e de compreender a vivência de quem sofre.

Devido a essas exposições, considero que o adoecimento não é a própria psicopatologia em seu tradicional paradigma, denominado depressão, transtorno de ansiedade, personalidade histriônica etc. O adoecimento se constitui no impedimento para ser e no sentido desse impedimento, em que as tradicionais psicopatologias se constituem sintomas. Por esse princípio, a identificação do estilo de personalidade ou da identidade psicológica é importante para um ensejo prático – qual o estilo predominante de funcionamento – mas o entendimento do sentido para o qual o paciente constrói esse estilo se constitui em ação clínica mais profunda.

Para esse fim, tento auxiliar o supervisionando na identificação da dinâmica relacional do paciente, na repetição dessa dinâmica (estilo de personalidade), na articulação dessa dinâmica com os eventos históricos, na compreensão do que e como é evocada essa repetição e como se dá sua construção e o sentido de sua manutenção.

⌘ A impressão psicodiagnóstica

A impressão psicodiagnóstica ou psicopatologia em tela invariavelmente aponta para a concretude do paciente, pois não há psicopatologia em si mesma, mas apenas a denominação de processos concretos experienciados pelo humano. Meu objetivo como supervisor consiste em auxiliar o psicoterapeuta a identificar a forma (*gestalt*) como aparece a vivência do paciente e como ele mesmo produz nessa vivência os impedimentos para ser.

Nessa fase podem ser estabelecidas as articulações com os conceitos e princípios da Gestalt-terapia, como carência de *self-suport*, negação do óbvio, estabelecimento de polaridades, carência de *awareness*, evitação do contato, fuga da angústia, *gestalten* cristalizadas e outros não menos importantes.

A inspeção do que se denomina psicopatologia (em uma acepção fenomenológica) e seus desdobramentos e construções de sentido recebe um lugar importante no entendimento almejado para o supervisionando do caso em voga.

⌘ O psicoterapeuta

O modo como o psicoterapeuta se percebe na relação com seu paciente e as formas como estabelece as intervenções, para além de uma espontaneidade ingênua ou de mera impulsividade, precisam estar pautados em base científica consistente, mesmo essa cientificidade desconstruindo diversos construtos pré-elaborados. Para esse propósito vale-se o psicoterapeuta da Gestalt-terapia, uma abordagem cuja plasticidade permite não apenas a inserção de elementos novos, como também a manutenção de sua identidade à medida que vai se modificando.

Do ponto de vista da experiência do psicoterapeuta, tento auxiliar o supervisionando a perceber como seus sentimentos, suas atitudes e suas intervenções se articulam com a dinâmica relacional do paciente, seu entendimento do adoecimento desse mesmo paciente e do próprio adoecimento em questão. Por diversas vezes esse exame apontará para aspectos pessoais do psicoterapeuta, sempre inerentes a todo e qualquer processo de seus pacientes, mas implicados neles e não necessariamente revelados por erros ou dificuldades emocionais do psicoterapeuta.

Faz parte do processo psicoterápico o paciente evocar no terapeuta sentimentos e percepções relativos ao modo como o próprio paciente estrutura suas relações com o mundo. Permitir que essas características apareçam e tomem parte do processo é extremamente importante para o terapeuta, pois por um lado ele poderá ter melhor compreensão do paciente e por outro poderá aceitar melhor seus sentimentos, mesmo conflituosos ou contraditórios, aumentando a familiaridade com o processo de aceitação e mudança inerente a todo processo de crescimento.

É assim que nele se dá, como reflexo do processo de seu paciente, o choque entre cristalização e mudança com todas as suas tramas e adjacências. Há que se acostumar com esse processo, compreendê-lo e torná-lo aliado, mesmo acompanhado de uma certa dose de angústia e insegurança.

Há também ocasiões em que essa manifestação poderá ocorrer com maior intensidade ou predominância e o apontamento para o psicoterapeuta dessas ocorrências, mais do que elucidar o processo do paciente, será de grande utilidade para o processo psicoterápico do próprio psicoterapeuta, pois o *setting* de supervisão não se constitui para esse fim. Nesses casos, meus apontamentos, cuidadosos e pacientes, serão sempre um recurso carregado de estima pelo supervisionando, crença em seu crescimento e zelo indireto por seu paciente.

Também costumo estimular o pensamento clínico do supervisionando. Pensar clinicamente nesse caso transcende a tradicional dicotomia entre razão, sentimento e ação. A integração dessas três dimensões do existir humano se dá por uma reflexão profunda em que o significado, a simbologia heurística e seus desdobramentos existenciais adqui-

CAPÍTULO 5 | A Clínica de Gestalt-Terapia: Um Modo de Supervisão

rem a possibilidade de transição das várias singularidades presentes (o paciente, o psicoterapeuta, o adoecimento) para as generalidades estruturantes do entendimento humano (pessoa, patologia, vida, morte, destino etc.). O desdobramento dessa compreensão de "pensamento clínico" demanda um espaço maior do que temos aqui, mas acho importante mencionar essa ação como um padrão em minhas supervisões, à medida que o supervisionando vai se comprometendo com sua aprendizagem e aprimoramento.

Outro elemento sobre o qual ficarei em débito quanto a uma maior profundidade diz respeito ao *plano de tratamento* a que me referi no início deste texto. Efetivamente, o plano de tratamento não é um conjunto de prescrições, regras ou procedimentos a serem seguidos durante a psicoterapia. Em íntima relação com a impressão psicodiagnóstica, retira dela as orientações de como abordar o paciente, sempre articulado com as especificidades e singularidades do modo de ser do paciente.

Sempre costumo incentivar meus supervisionados a exprimirem suas impressões diagnósticas, as quais aparecem, em muitas ocasiões, de maneira imprecisa, às vezes vaga e pouco delimitada. No transcorrer das diversas sessões de supervisão, articulados com a teoria da Gestalt-terapia e com as diversas experiências dos psicoterapeutas-supervisionandos, estes vão aprendendo a delimitar mais, a dar uma forma mais cognoscível e articulada com a compreensão do paciente e, assim entendendo qual será a predominância das intervenções, seus diversos sentidos (se elucidativas, confrontativas, reflexivas, informativas etc.) e, principalmente, como buscar o verdadeiro adoecimento que diz respeito ao impedimento para ser configurado nos diversos modos de cristalização do paciente.

⍟ Fechamento do caso

Após o aprofundamento nesses aspectos, na medida em que são necessários e evocados pela situação, pergunto aos colegas, e principalmente ao expositor, se foram suficientemente atendidos e se estão tranquilos para levar o caso adiante a partir daí. Existem diversas situações em que o psicoterapeuta se angustia e também obtém respostas e olhares distintos, seja sobre si como psicoterapeuta e como pessoa, seja sobre o fazer terapêutico e também sobre o adoecimento humano.

As respostas nem sempre são precisas, e na maioria das vezes pode haver mais questões do que certezas, mas, na esteira do que nos permite o velar e revelar, percebo os supervisionandos mais seguros e não receosos de pairar sobre a incerteza, o medo, o avanço para a conquista e o progresso de seus pacientes.

⍟ 91 ⍟

A supervisão não é garantia de crescimento ou mudança, mas seu exercício constante e determinado é um caminho para o aprimoramento profissional e para o crescimento pessoal, aspecto esse em que todo o ser está suportado. Ser pessoa, em sua grandeza e pequenez, é sempre um caminho para as diversas atuações do ser humano. Quem aceita cresce. Quem rejeita sofre.

ଓ O supervisor

Até hoje é estranho para mim como me tornei professor universitário, quase que por acidente, em razão da necessidade de substituir um professor desistente. Essa afirmação tem sentido quando, embasado por Williams, entendo que a aprendizagem de ser supervisor "se dá a partir das próprias experiências, por ter sido supervisionado, e depois, ainda que com variações criativas, simplesmente repetindo o mesmo processo" (2001, p. 14), aprendizagem essa que devo a meus competentes supervisores e também (como não?) ao susto de ser, como professor universitário e em determinado momento, exigido a realizar a supervisão dos alunos.

As quatro características a serem atingidas ou desenvolvidas pelo supervisor, conforme apontadas por Williams (conhecimentos técnicos e teóricos, conhecimento dos procedimentos, perspicácia e julgamento) e que depois são desdobradas em tantas outras, ainda são por mim perseguidas, embora eu nunca tenha certeza de tê-las dominado ou segurança de afirmar como suficientes.

Pelos meandros do humano, a combinação de aspectos teóricos e práticos, minha própria experiência clínica e a sensibilidade para as dificuldades dos supervisionandos se tornam a base sustentável por onde vou levando minhas precárias construções. Tal precariedade não se justifica por atos impulsivos e sem fundamentação científica, nem por irresponsabilidade tênue e espontaneísta, menos ainda por garantia de sucesso fundamentada na sistematização e reflexão constante sobre a prática clínica. Revisto-me do ser precário a partir das expectativas inicialmente depositadas e retiradas de mim pelos supervisionandos, tal como expus no início deste capítulo.

Sinto-me, na maioria das vezes, como o próprio psicoterapeuta diante de seu paciente: ciente de que sem mim não há psicoterapia, mas que, quanto menos eu brilhar e aparecer durante todo o processo, mais o paciente poderá se assenhorar de seu *self*-suporte e de sua busca constante. Parafraseando Bucher (1989), o paciente sempre atribui ao psicoterapeuta uma autoridade que este deve aceitar e *gentilmente* recusar. Em uma isomorfia em supervisão, aceito a autoridade a mim atribuída pelos supervi-

CAPÍTULO 5 | A Clínica de Gestalt-Terapia: Um Modo de Supervisão

sionandos e gentilmente a recuso. Com estímulos de aprofundamento, aprendizagem e reflexões consentidas.

Paulo Barros (1994, p. 27) afirmava que, se a terapia for bem-sucedida, o terapeuta irá se "con-doer" muito com seu paciente. Ensinar os supervisionandos a se condoerem sem viverem as dores de seus pacientes é uma arte imprecisa e necessária.

Longe de me tornar a figura do "mestre", do guru ou da "referência", tento me esquivar de papéis ou posições correlatas, olhando o quanto meus supervisionandos puderam ou não progredir e o que os impulsiona ou impede em seus processos. Estar *awareness* no processo de supervisão e convidar as pessoas à experiência de si mesmas é um exercício que exige delicadeza, firmeza e ousadia.

REFERÊNCIAS

BORIS, G.D.J.B. Versões de sentido: um instrumento fenomenológico-existencial para a supervisão de psicoterapeutas iniciantes. Psicol Clin 2008; 20(1):165-80.

BUCHER, R. A psicoterapia pela fala: fundamentos, princípios, questionamentos. São Paulo (SP): EPU, 1989.

HYCNER, R. De pessoa a pessoa: psicoterapia dialógica. Tradução: Elisa Plass Z. Gomes, Enila Chagas, Márcia Portella. São Paulo (SP): Summus, 1995.

KAPLAN, H.I.; SADOCK, B.J. (orgs.) Compêndio de psicoterapia de grupo. 3. ed. Porto Alegre (RS): Artes Médicas, 1996.

KARWOWSKI, S.L. O silêncio do paciente em psicoterapia. Palestra apresentada no VI Encontro Norte-Nordeste de Gestalt-terapia, Belém (PA): 2014. Não publicado.

KARWOWSKI, S.L. Por um entendimento do que se chama psicopatologia fenomenológica. Rev. Abordagem Gestalt., Goiânia, Jun 2015; 21(1):62-73.

LORENZ, A.B. A verdade em Heidegger apenas enquanto desvelamento [dissertação]. Brasília: Programa de Pós-Graduação em Filosofia da Universidade de Brasília, 2013.

PIMENTEL, A. Psicodiagnóstico em Gestalt-terapia. São Paulo (SP): Summus, 2003.

PINTO, E.B. Elementos para uma compreensão diagnóstica em psicoterapia. São Paulo (SP): Summus, 2015.

REHFELD, A. Acerca das generosas curvas da espera. Revista do X Encontro Goiano da Abordagem Gestáltica. Revista do ITGT: Goiânia (GO), 2004.

SÁ, R.N.; AZEVEDO JR, O.; LEITE, T.L.Reflexões fenomenológicas sobre a experiência de estágio e supervisão clínica em um serviço de psicologia aplicada universitário. Rev. Abordagem Gestalt 2010;16(2):135-40. ISSN 1809-6867.

ZARO, J.S.; BARACH, R.; NEDELMAN, D.J.; DREIBLATT, I.S. Introdução à prática psicoterapêutica. São Paulo (SP): EPU,1980.

UMA SUPERVISÃO GRUPAL EM PSICOTERAPIA BREVE: REFLEXÕES E VIVÊNCIAS

Ênio Brito Pinto

INTRODUÇÃO

Quero começar me apresentando e apresentando o grupo de estudos e de pesquisa em psicoterapia breve que compomos. Sou Ênio Brito Pinto, psicoterapeuta, Gestalt-terapeuta desde 1979. Dentre os temas com os quais venho trabalhando nesses anos todos, tem especial destaque a psicoterapia breve. Essa é a primeira vez que reflito por escrito sobre a supervisão nesse tipo de trabalho, assim como é a primeira vez que cada um dos colegas de nosso grupo de estudos e pesquisas em psicoterapia breve escreve sobre o tema. Estamos empolgados com essa possibilidade e esperançosos de que este texto seja útil para os colegas que quiserem fazer ou que fazem atendimentos breves de maneira sistemática e cuidadosa teoricamente e na prática clínica.

Farei reflexões apresentando os pontos mais importantes de nosso trabalho e de nossa forma de fazer supervisão. Ao longo dessas reflexões, cada componente do grupo fará uma versão de sentido sobre o vivido nas supervisões, e eu farei ao fim deste texto algumas considerações vivenciais. Começo contando um pouco da minha história, na parte que levou à criação de nosso grupo.

Agradecimentos especiais a Erika Spack Kemmelmeier (Psicóloga; Gestalt-terapeuta; Especialista em Psicologia Hospitalar), João Burnier Romão (Psicólogo; Gestalt-terapeuta), Kathlen Mendes (Psicóloga; Gestalt-terapeuta; Especialista em Psicologia Hospitalar), Leila Terra (Psicóloga; Gestalt-terapeuta; Professora do Instituto Gestalt de São Paulo [IGSP]), Luciana Monteleone (Psicóloga; Gestalt-terapeuta) e Raquel R. Bernardes (Psicóloga; Gestalt-terapeuta) pela participação neste capítulo.

A psicoterapia breve apareceu em minha vida profissional já desde o início, especialmente nos hospitais psiquiátricos nos quais trabalhei e onde atendia os pacientes somente no período da internação, o que me abriu para uma visão das possibilidades desse tipo de trabalho. Obviamente, nesses casos havia a expectativa de continuação de um processo psicoterapêutico após a internação, mas durante a internação já se podia perceber a utilidade do trabalho breve e focado.

Depois disso, e de maneira especial no trabalho que fiz por alguns anos em hospitais gerais, especialmente em centro cirúrgico, ficaram muito visíveis para mim a utilidade do trabalho breve e a necessidade de que se estudasse mais esse tema no que tange aos trabalhos em instituições e também com relação aos trabalhos psicoterapêuticos. Fui fazendo esse estudo sozinho por muitos anos, paralelamente a outros estudos das outras áreas ligadas à psicoterapia gestáltica, pois não faço apenas psicoterapias breves, mas também trabalhos sem prazo determinado para finalização.

Na época em que eu fazia meu mestrado, entre 1999 e 2000, foi criado em São Paulo o ITA (Instituto Terapêutico Acolher), voltado para o atendimento a religiosos católicos. A princípio, fui convidado para algumas palestras e colóquios sobre a sexualidade humana, até que me tornei membro do corpo clínico do ITA. Trabalhando lá, rapidamente percebi que havia um campo fértil para meu desejo de estudar a psicoterapia breve. Os padres vinham para São Paulo para fazer terapia, e precisavam voltar o mais rapidamente possível para suas cidades de origem, dado que, proporcionalmente, o Brasil tem poucos padres. Desenvolvi, então, com o apoio da Fundação Porticus, um doutorado que teve a finalidade de estudar a psicoterapia breve para padres católicos.

Continuando os meus estudos, no pós-doutoramento dediquei-me à tarefa de aprofundar os conhecimentos em um dos fundamentos mais importantes da psicoterapia e da psicoterapia breve: a compreensão diagnóstica. Então eu começava a perceber, com cada vez mais ênfase, que eu estava muito solitário nessa pesquisa. Estudava sozinho, trabalhava sozinho, não encontrava muitos colegas com real interesse pelos trabalhos breves, era muito difícil conseguir interlocuções, especialmente em Gestalt-terapia.

O GRUPO

Consegui, então, uma parceria com o Instituto Gestalt de São Paulo e propus, em 2014, um grupo de estudos e de pesquisas em psicoterapia breve. Alguns ex-alunos, todos Gestalt-terapeutas, se candidataram, e, depois de cuidadosa seleção, come-

Capítulo 6 | Uma Supervisão Grupal em Psicoterapia Breve: Reflexões e Vivências

cei o grupo com aqueles que me pareciam com mais potenciais para bons trabalhos breves. É desse grupo que se origina o trabalho que trazemos aqui hoje.

Desde 2014 nós nos reunimos todas as semanas por 3 horas (a duração foi modificada para 2 horas desde que passamos a trabalhar *on-line* por causa da pandemia). A cada encontro, estudamos e discutimos textos pertinentes ao tema e fazemos supervisão grupal dos casos atendidos. A princípio, atendíamos a demanda que surgia, mas logo percebemos que estávamos ficando sem tempo para a necessária supervisão.

Nosso objetivo maior não era (nem é) o atendimento propriamente dito, mas a possibilidade de desenvolver fundamentos teóricos que propiciem uma boa forma de se fazer terapia breve. Hoje temos um limite de dois clientes por terapeuta, uma agenda sempre cheia, mas não temos o que se poderia chamar de uma fila de espera – nossos clientes são, de maneira geral, encaminhados pelo Instituto Gestalt de São Paulo, o qual sempre nos consulta sobre as possíveis vagas e, quando não as temos para ofertar, encaminha essas pessoas para outras modalidades de serviço do próprio instituto.

Cada cliente que acolhemos tem uma primeira entrevista com o membro do grupo que tem disponibilidade de agenda para novos atendimentos, mas não começa aí sua psicoterapia breve. Depois dessa entrevista, a demanda e as possibilidades são discutidas no grupo e só então, se confirmarmos que aquela pessoa poderá ter na psicoterapia breve uma boa oportunidade de retomar seu processo de autoatualização de maneira criativa, e se essa pessoa aceitar esse tipo de trabalho, é que efetivamente a psicoterapia começa. Quando o cliente não aceita a proposta de trabalho breve, é reencaminhado ao IGSP para que seja triado para outro tipo de atendimento.

Somos em sete pessoas hoje no grupo, três delas – João Romão, Luciana Monteleone e Raquel Bernardes – estão desde os primeiros meses do trabalho, com pequena variação na data de ingresso no grupo. Há aproximadamente 3 anos, quando deixei a coordenação do Instituto Gestalt de São Paulo, foi necessário mudar o horário do grupo, e duas colegas não permaneceram. Em seus lugares, entraram a Erika Kemmelmeier e a Leila Terra. Mais tarde, em 2019, com a saída de mais uma integrante, movimento inevitável em grupos duradouros, entrou em seu lugar Kathlen Mendes. Algumas poucas pessoas fizeram parte do grupo de maneira muito rápida, não permanecendo tempo suficiente para se integrarem ao trabalho, cada uma por seus motivos.

Há um bom tempo encontramos um número que consideramos bom de participantes e o mantemos até hoje. Comigo e com mais seis colegas, os diálogos se dão sem pressa e, especialmente, conseguimos tempo adequado para a supervisão de todos os atendimentos feitos pelo grupo, cada um de acordo com as necessidades da pessoa encarregada da terapia.

Um aspecto que me parece muito importante quando se compõe um grupo de supervisão é o número de pessoas que serão incluídas como supervisionandas, pois é necessário que todos percebam que têm tempo para que suas questões sejam acolhidas e, igualmente, para que sua participação nas discussões dos atendimentos dos demais colegas tenha espaço e seja considerada. Embora possa acontecer eventualmente, não é bom que repetidamente haja pessoas que, ao fim do encontro do grupo, saiam com a sensação de não ter expressado algo que lhes parecesse importante ter explicitado.

No tempo médio de supervisão de que dispomos semanalmente, em torno de 1 hora e meia, temos atendido com a devida consideração as necessidades de todos os terapeutas do grupo. Nas ocasiões em que se necessita de mais tempo, seja qual for o motivo, reduzimos, sem prejuízo, o tempo de estudo teórico. Não é uma regra essa divisão de tempo, mas é um alerta para que isso seja um dos cuidados na formação de grupos de supervisão.

Há um aspecto sensível nas supervisões em relação ao qual, vamos dizer assim, nosso grupo passou ao largo: a importante questão da remuneração. Desde o princípio ficou estabelecido que, dados os propósitos do grupo e a maneira como ele nasceu, a questão financeira ficaria suspensa. Os atendimentos que fazemos são a baixo custo, senão gratuitos, com raríssimas exceções; da quantia que recebem, os colegas passam uma pequena percentagem para o Instituto Gestalt de São Paulo, a título de manutenção do espaço físico reservado a cada semana; eu não recebo nada pelo grupo ou do grupo. Nosso lucro é a aprendizagem; nosso ganho maior é a ampliação do conhecimento pioneiro; nossa vantagem é a coesão grupal que construímos.

Isso não quer dizer que as questões financeiras não sejam importantes, antes pelo contrário. Nós fizemos essa escolha, e ela está longe de ser regra. O tema é muito debatido entre as pessoas que dão supervisão, e não vejo consenso estabelecido. Deve-se cobrar o mesmo que dos clientes? É melhor cobrar um pouco menos, dado que a maioria dos supervisionandos está em início de carreira, portanto com mais apuros financeiros? E por aí afora há muitas questões com relação a esse tema que devem ser colocadas para que cada supervisor encontre sua posição de maior conforto com relação a isso.

A PSICOTERAPIA BREVE

Quero agora, para continuar essas reflexões, clarear, ainda que sucintamente, como e quais são os aspectos básicos da psicoterapia breve que propomos. Temos atendido uma população que vai desde a adolescência até a velhice, embora, em tese, esse trabalho também possa ser oferecido para crianças e suas famílias. No contrato que fazemos com nossos clientes, o atendimento se dá em sessões semanais, com um limite de 6 meses de trabalho, renováveis por até mais 6 meses, se houver necessidade e disponibilidade do cliente e do terapeuta. Depois de terminada a psicoterapia breve, fazemos, sempre que possível, ao menos duas entrevistas de *follow-up* para verificar a repercussão do atendimento no cotidiano do cliente depois de findo o processo.

Entendo que um trabalho em psicoterapia breve tem, basicamente, quatro fundamentos relevantes que o diferem de um trabalho sem prazo determinado, quais sejam: a relação terapêutica, a compreensão diagnóstica, o foco e o fim predeterminado do trabalho. Desses quatro aspectos, além do foco e do fim marcado desde o início, algo não compatível com a terapia sem prazo determinado, o ponto que tem maiores diferenças quanto à terapia sem prazo determinado é a relação terapêutica, como mostramos em trabalho apresentado em congresso no Chile, em 2019, e que pode ser acessado no seguinte endereço: http://www.eniobritopinto.com.br/2020/09/24/612/. Também neste texto está sintetizada nossa forma de compreender e compor o foco em nossos trabalhos, além de importantes considerações sobre sua finalização e sobre preconceitos que encontramos em colegas e em nós mesmos.

Quanto à compreensão diagnóstica, seus fundamentos estão em Pinto (2015). Assim, não vou me estender aqui em uma possível revisão teórica, mas vou me dedicar a contar rapidamente como lidamos com esses aspectos da terapia em nosso grupo de supervisão.

Antes disso, quero falar um pouco sobre um ponto relevante de nossas supervisões: o fato de elas se configurarem em grande parte apoiadas em uma técnica desenvolvida por Mauro Amatuzzi (1989; 1995; 2001), a versão de sentido. Nossas discussões sempre se iniciam pela versão de sentido do terapeuta, caminhando até os dados mais objetivos, como a história e o mundo cotidiano do cliente e os acontecimentos da situação terapêutica, voltando então à reflexão do vivido, e vice-versa, num movimento pendular que aos poucos inclui também aquilo que é vivido por cada participante no momento e no campo do grupo de supervisão.

ଓ 99 ଓ

As versões de sentido e a relação terapêutica

Para Amatuzzi (2001, p. 74), as versões de sentido são "a fala expressiva da experiência imediata de seu autor em face de um encontro recém-terminado". Boris (2008), ao escrever sobre a importância do uso desse instrumento em supervisão, lembra que tal uso traz muitos benefícios, facilitando a "consolidação dos primeiros passos do psicoterapeuta iniciante"". Ele explica:

> [...] por meio de tal método, o psicoterapeuta iniciante registra suas impressões sobre si mesmo, sobre o cliente e/ou sobre a sua relação com ele, expressando a experiência imediata como pessoa a respeito daquela situação.

Isso faz com que a estratégia de anotação de sessões desenvolvida por Amatuzzi se constitua como "um instrumento tanto objetivo quanto subjetivo, que facilita o trabalho de supervisão, pois pode revelar diversos sentidos da expressão do psicoterapeuta iniciante", ao que eu acrescento minha visão de que esse instrumento não deve ser utilizado somente com os terapeutas iniciantes, pois é um ótimo meio mesmo para o terapeuta experiente alcançar novas compreensões de seu trabalho.

As versões de sentido são relatos espontâneos, um registro feito por escrito do vivido pelo terapeuta ao fim das sessões, e não pretendem ser um registro objetivo do que aconteceu. Podem abarcar o caminho de determinado trabalho terapêutico, indo para além das sessões, mirando o todo da atividade até o momento da supervisão. Buscam o sentido de vivências como "uma das formas de descrever o vivido, e a descrição é o método utilizado pela fenomenologia para que se possa chegar ao fenômeno e torná-lo presente de forma reflexiva" (BAUNGART, 2009, p. 34).

Neste capítulo, decidimos que cada membro do grupo escreveria um tipo de versão de sentido ampliada, focalizando o tempo em que participa do grupo. Os relatos confeccionados aparecerão ao longo do texto.

Na supervisão, ao lado das versões de sentido, informações objetivas são importantes para que se construa no grupo uma compreensão daquela pessoa e daquele trabalho terapêutico que se discute. Dados do mundo cotidiano da pessoa em terapia, sua história pessoal e sua história relacional, seus projetos existenciais, sua forma de se expressar verbal e corporalmente, sua vivência de competências e de incompetências, seu estilo de personalidade e como ele é vivido, além de impressões sobre como se coconstrói o campo das sessões, fazem parte, dentre outros aspectos, do relato do terapeuta ao grupo e das discussões no momento da supervisão.

CAPÍTULO 6 | Uma Supervisão Grupal em Psicoterapia Breve: Reflexões e Vivências

Partindo da versão de sentido, geralmente o primeiro ponto ao qual se atenta nos relatos dos terapeutas é a relação terapêutica, com cuidadosa atenção à aliança terapêutica. Como a relação terapêutica está sendo construída? Como ela é vivida pelo terapeuta a cada sessão e ao longo do processo? Como o terapeuta percebe o grau de confiança que se estabelece? Como está o engajamento do cliente? Há ansiedade positiva (PINTO, 2009) na díade? O que parece problemático na relação? O que parece caminhar especialmente bem? São algumas das muitas questões que orientam as reflexões no grupo quanto a este tema.

Vejamos a versão de sentido de Erika:

Antes de tudo, preciso dizer que trago para esse momento a minha percepção pessoal do fazer supervisão em psicoterapia breve. O caminho constituído até o momento é um emaranhado entre um posicionamento técnico e vivencial que não podem ser dissociados e me instigam a uma outra forma de olhar, sentir e narrar o encontro com meus clientes.

Quando volto minha atenção às experiências vividas na supervisão, sou tomada pela imagem da ação de um pulo em direção a um lago, cuja profundidade ainda não é bem conhecida, mas a cor da água e sua temperatura são um convite ao mergulho. Na ação calculada de tomar a distância e ao mesmo tempo de me lançar ao lago, a experiência do arriscar e do imprevisível toma conta do meu corpo. A disponibilidade e a sustentação para o novo me parecem essenciais não apenas para o vivido com o cliente na sessão, mas se estendem para o continuum de tomada de consciência na supervisão.

O nosso encontro semanal é uma pausa no cotidiano da clínica, um momento no tempo em que o ritmo do narrar, das pausas e silêncios sentidos são um convite à vivência de um outro tempo. Acho aqui essencial compartilhar que o modelo de psicoterapia é breve, no sentido de que existe uma delimitação temporal no contrato com o cliente, o que não significa uma pressa e um descuido ao tempo existencial. Observo essa atitude de respeito e cuidado no momento da supervisão, como uma afinação entre os integrantes, o que favorece o contato e o retraimento.

No livro Sapato florido há um trecho que me faz pensar sobre os possíveis sentidos das palavras e do vivido e que me remete a tantos momentos compartilhados em supervisões. Compartilho com vocês esse meu encantamento e o recorte do texto de Mario Quintana:

— Mas que quer dizer esse poema?

Perguntou-me alarmada a boa senhora.

– E que quer dizer uma nuvem? Retruquei triunfante.

– Uma nuvem? – diz ela. – Uma nuvem umas vezes quer dizer chuva, outras vezes bom tempo...

Quando em bom contato, novas formas podem surgir a partir desse encontro. A possibilidade de reconhecer as necessidades que emergem na supervisão é um caminho constituído de sensações e ações que são checadas, confirmadas ou tensionadas no processo singular de ser terapeuta. Noto que, assim, um gesto, um olhar ou uma palavra podem se destacar do fundo, e o ato intencional de sublinhar esse momento, como se usássemos uma caneta marca-texto, destaca e amplia a possibilidade de sentidos e reverbera no espaço a possibilidade de movimento para o processo terapêutico.

A relação do vivido através dos atendimentos ganha contorno também com o compartilhar de histórias e compreensões atribuídas para o que se repete, o que se torna figura pela falta ou excesso na situação terapêutica. Cada ponderação de um caminho ou de uma possível intervenção traz em si a delicadeza da nossa profissão. Ao notar como o campo relacional é constituído e sustentado a cada momento, penso que em nossa supervisão esse campo relacional é expandido. O fundo de experiências de cada participante e os sentidos atribuídos tecem gradativamente um espaço de acolhimento da singularidade e do criativo.

Quando eu escuto sobre a travessia do cliente com o seu terapeuta, eu existo nesse campo como observador, como elemento que pensa e reconhece semelhanças e diferenças nas narrativas, histórias e na cultura em que ambos são atravessados. A vivência da supervisão no coletivo é um processo de aprendizagem contínuo que favorece a inclusão da pluralidade, dos desafios dos não lugares, do não eu, e ao mesmo tempo enriquece a minha percepção do existir no mundo.

Concluindo, espero que esse relato oferte uma descrição de uma forma de se fazer e viver a supervisão. E, quem sabe, provoque em você os seus próprios questionamentos de como a sua prática de supervisão afeta não apenas a sua forma técnica, mas também a sua forma de se fazer terapeuta e supervisor.

CAPÍTULO 6 | Uma Supervisão Grupal em Psicoterapia Breve: Reflexões e Vivências

⚬ A compreensão diagnóstica

Outro dos quatro pontos, dentre muitos possíveis, que quero abordar aqui é a compreensão diagnóstica. Ela é uma busca de conhecimentos sobre como é aquela pessoa, como se comporta na terapia e em seu cotidiano, ou seja, tem o intuito de compreender como essa pessoa age, sente, pensa, como ela se movimenta, enfim, pelos caminhos da vida.

Como bem afirma Augras (1981, p. 12), a compreensão diagnóstica é uma busca de se vislumbrar "em que ponto de sua existência o indivíduo se encontra e que feixes de significados ele constrói em si e no mundo". É, no dizer de Yontef (1997, p. 370), "um processo de prestar *respeitosa atenção* (grifo meu) a quem é a pessoa como indivíduo único e em relação com aquelas características compartilhadas com outros indivíduos", e visa principalmente orientar o terapeuta sobre como se postar e como lidar com o cliente, não tendo a finalidade de enquadrar o cliente para lhe propor mudanças a partir de delimitações externamente construídas sobre saúde. Além disso, e igualmente importante, a compreensão diagnóstica possibilita que se tracem prognósticos e estratégias terapêuticas para aquele trabalho que se discute e possibilita também que se defina com confiança se o atendimento breve é mesmo indicado para aquela pessoa naquele momento.

⚬ O foco

Na supervisão da compreensão diagnóstica em psicoterapia breve em nosso grupo, temos especial cuidado para conhecer as fronteiras de valor do cliente. Elas determinarão o foco de valor que orientará o trabalho da díade na psicoterapia e talvez sejam um dos pontos que mais discutimos na supervisão, pois é preciso que cada terapeuta tenha confiança na escolha do foco para apresentá-lo com segurança ao cliente e, com igual confiança, ouvir sua avaliação (concordante, ou não) do valor proposto como foco.

De todos os pontos, tenho percebido que esse foi o de maior dificuldade para nosso grupo. Foi o ponto que mais tempo levou para ser compreendido pelos colegas, especialmente porque, penso eu, nossa proposta de foco se distancia do sintoma ou das causas do sofrimento, para mirar seu sentido e sua sustentação. Hoje o foco de valor (bem como o foco de fundo) ocupa interessantes e ricas ponderações no grupo, mas por um bom tempo percebi que eu tinha um papel bem didático, pertinente à super-

⚬ 103 ⚭

visão, mostrando como era minha percepção do valor a ser trabalhado, esmiuçando como ela se construía a partir da compreensão diagnóstica extrínseca e intrínseca elaborada no momento da discussão do atendimento em questão.

Vamos à versão de sentido de Raquel:

Muitas coisas foram vivenciadas durante todos esses anos dentro do grupo de psicoterapia breve. Fazer supervisão em grupo na breve é se permitir ouvir e também ser ouvida, é prestar atenção na sua maneira de contar o caso, visitar os sentimentos que o cliente reverberou e inclusive descobrir os novos a partir dessa experiência.

Desde o momento em que eu compartilho e divido com os colegas a história do meu cliente, a abertura para o diálogo acontece. Um diálogo acolhedor em que eu desfruto das falas, percepções e sensações que podem me confirmar ou ampliar o campo do meu cliente.

É um refletir junto; respeitar o silêncio quando anunciado é a outra parte que se faz presente através do grupo de nós sete. Poder compartilhar meus casos foi algo e ainda é um grande aprendizado; eu me mostro e também estou sendo vista.

Dentro do nosso grupo, o trabalho consiste na construção da psicoterapia breve, e isso é o que escolhemos. Existe um caminho percorrido, uma estrutura e muito estudo.

Com isso, todas as vezes que cada um se expressa na supervisão sobre o seu cliente, provavelmente revisitamos toda a estrutura teórica do objetivo do nosso trabalho. A parte principal que nos ajuda a revelar o nó que precisa de cuidado é através da escolha de um bom foco.

Descobrir o foco com o suporte do grupo é algo agregador, e cada um contribui com o seu olhar, sua maturidade e bagagem. O foco exige que cada um de nós faça o exercício da reflexão, do cuidado e consistência em sua eleição, pois poderá determinar um grande passo dentro de todo o funcionamento daquele caso na psicoterapia breve.

Muitas vezes permaneci refletindo sobre ele e onde de fato pode ter relevância importante dentro da história do cliente. De fato, o foco é importante, mas desde que possamos verificar toda a estrutura conjunta que envolve o todo da estrutura da psicoterapia breve.

A cada história, cada dor, os valores que o indivíduo carregou e ainda carrega na sua vida, suas introjeções, a maneira como faz e desfruta das

CAPÍTULO 6 | Uma Supervisão Grupal em Psicoterapia Breve: Reflexões e Vivências

suas escolhas, me ajudam, sim, na construção de um foco, e poder refletir isto em nosso grupo é enriquecedor.

Posso afirmar que o meu amadurecimento, minha experiência durante todos esses anos, a crença em nosso trabalho e a experiência do nosso coordenador proporcionaram a afinação do meu olhar e me ajudaram a me lapidar como instrumento de trabalho. A coragem e a ousadia através da experiência em se ousar na escolha do foco.

Assim nossos encontros acontecem, e continuo aprendendo com meus clientes e também com o grupo. Acompanhar, a cada supervisão, cada colega se expressando sobre a história do cliente e também sobre seu desenvolvimento dentro do processo, bem como em relação ao prazo com que trabalhamos, é poder confiar que a nossa proposta tem consistência, finalidade e resultados positivos.

☙ O fim da terapia breve

Outra das peculiaridades da psicoterapia breve que é alvo de atenção cuidadosa em supervisão é o encerramento da terapia, combinado desde o início. As primeiras indagações dizem respeito à compreensão do terapeuta e do grupo acerca da capacidade daquela pessoa para assumir um compromisso com esse encerramento previsto antecipadamente e passa também por um estudo sobre como essa pessoa tem vivido e lidado com as separações ao longo de sua vida, fatores fundamentais para que se proponha uma psicoterapia breve.

As discussões passam, ao longo do processo, por questionamentos sobre como o terapeuta e o cliente estão vivendo essa promessa de fim e como ele interfere na dinâmica da terapia. Especialmente quando vai se aproximando a data marcada para a finalização do trabalho, há clientes que demonstram dificuldade especial para viver essa parte do processo, assim como há terapeutas que vivem dificuldades de deixar determinados clientes. Nesse casos, o grupo de supervisão é suporte imprescindível para a compreensão e vivência dessas dificuldades, bem como para sua transformação em possibilidade de desapego e confiança.

☙ Alguns cuidados na supervisão grupal

Entendo que a supervisão em grupo é de uma riqueza inigualável. E exige do supervisor/coordenador/facilitador do grupo alguns cuidados essenciais desde o momento em que o grupo começa a se formar até cada encontro realizado, compondo uma tarefa tão longa e proveitosa quanto a duração do grupo. Também aos participantes é exigido um rol de cuidados. Vou me dedicar agora a algumas breves considerações sobre esses dois temas.

Penso que um grupo de supervisão de base gestáltica se caracteriza, antes de tudo, por focalizar com delicado cuidado as relações interpessoais entre os membros, inclusive o supervisor. Especialmente este deve estar atento a buscar compreender a dinâmica grupal, com ênfase em seus aspectos afetivos e funcionais. A leitura dos eventos deve ser fenomenológica e transversal. O grupo é o lugar no qual se encontram vários organismos, uns frente aos outros, e onde cada um está presente e é, ao mesmo tempo, entorno de cada indivíduo considerado separadamente (DELACROIX, 2009).

Fascinam-me algumas características dos grupos humanos: são sistemas complexos, nos quais a função do facilitador é cuidar das fronteiras sistêmicas (pessoais e interpessoais; conscientes e não conscientes; funcionais; institucionais; socioculturais); o grupo é sempre uma constelação de relações entre as pessoas, papéis, atributos, funções, normas, padrões de comunicação, afetos, que facilitam o surgimento de um campo ou, como postula Delacroix (2009, p. 302), "o encontro de várias pessoas cria uma globalidade, um sistema, um 'campo' magnético, de relações, de interações, energético, e este campo é muito mais que a soma dos indivíduos que o constituem".

Um dos primeiros e mais importantes cuidados por parte do supervisor é trabalhar para que o grupo se constitua como uma entidade. A princípio, temos um amontoado de pessoas, cujos encontros e desencontros, coragens e medos, presenças e ausências, interesses e apatias, dentre tantas outras movimentações, se emaranham, se influenciam, se apoiam para que, aos poucos, um grupo surja. Como afirma Delacroix (2009, p. 306), o que une é, em primeiro lugar,

> [...] a presença de afetos e sua circulação entre os indivíduos antes que se reconheça claramente a natureza do afeto. [...] Estes fenômenos de atração e repulsão criam uma carga emocional a um tempo individual e grupal.

Não basta os organismos estarem no mesmo lugar, é preciso que eles estejam, o máximo possível a cada tempo, coesos para que um grupo passe a existir. Facilitar e orientar esse movimento de nascimento do grupo como um jardineiro cuida de e direciona uma trepadeira recém-plantada é uma das primeiras e mais importantes tarefas

CAPÍTULO 6 | Uma Supervisão Grupal em Psicoterapia Breve: Reflexões e Vivências

da pessoa que estará a cargo da supervisão inicialmente. Com paciência e acolhimento, com presença humana confiante e asseguradora do sentido do encontro, com a confirmação para cada membro do sentido de sua presença no grupo, com delicado e verdadeiro encorajamento, o supervisor favorece a criação de uma identidade grupal e de uma identidade do grupo.

Quando o campo favorece, cada membro se sente efetivamente participante, tem em si uma identidade grupal, a qual, por sua vez, vai criar e se apoiar em uma identidade do grupo, a face mundana do grupo. Um grupo passa a existir de fato quando cada um de seus membros, ou a maioria deles pelo menos, diz com clareza "eu sou parte de tal grupo", no nosso caso, "eu sou parte do grupo de pesquisa em psicoterapia breve do Instituto Gestalt de São Paulo". Isso leva tempo e é um processo sem fim, no qual a entrada ou saída de membros gera uma crise, a qual, por sua vez, exige atenção por parte do supervisor (e de todos os participantes, mais do primeiro que dos outros) para que a nova tecedura do sistema permaneça forte e flexível.

A versão de sentido de Leila:

Ao entrar para o grupo de estudos de Gestalt-terapia breve, minha empolgação e ansiedade pelo novo eram muito grandes.

No início estava para observar a prática clínica e só poderia compreendê-la naquele momento através das supervisões que eram realizadas em grupo, e eu as assistia atentamente.

Confesso que nas primeiras supervisões mantive-me em silêncio, mas o clima respeitoso e convidativo atraía a cada caso relatado pelos colegas.

Comecei então a observar que tudo que lia sobre a teoria da psicoterapia breve estava acontecendo ao vivo diante dos meus olhos.

Em cada um dos casos relatados, nos quais se fazia versão do que realmente era significativo para a supervisão em grupo, e somado com a busca pelos requisitos da psicoterapia breve, crescia em mim uma ânsia por entender o processo e atender naquela modalidade. Muitas vezes me peguei pensando em como deveria relatar meus casos e comparava com outras supervisões que fiz anteriormente ou até mesmo com a época de graduação.

Sentia uma enorme diferença em relação a todas de que já havia participado. Tanta diferença! Como, por exemplo, a atuação do grupo, que, aqui, ainda que formado com pluralidade, comporta-se atuando sinergicamente para ampliação da compreensão do cliente e de sua terapia.

 C8 107 80

Cada um do grupo podendo escutar e dar sua percepção fazia com que as discussões de caso se tornassem aulas singulares. Foi por isso também que me senti à vontade para participar ativamente, expondo minhas percepções, recebendo ponderações e aprendendo pontos de vista que aumentaram ainda mais o meu desejo de desenvolver o trabalho nessa modalidade terapêutica.

A supervisão, na medida em que faz com que cada integrante do grupo ajude de alguma forma a encontrar um olhar comum e dar sentido para o sofrimento ali acolhido, sem dúvida fortalece não só o terapeuta, mas também o grupo. Ajuda a afastar ou ao menos a diminuir a sensação de solidão que se tem ao trabalhar na clínica.

Assim, supervisão após supervisão, através de muitas discussões, reflexões e estudo teórico, fui ganhando experiência e confiança para me colocar diante do desafio de atender em psicoterapia breve, ainda que considerando todas as variáveis que contemplam a prática.

Lembro que o que mais me preocupava era lidar com a finitude do processo: o fim que é estabelecido logo no início, no momento da construção do contrato junto com o cliente.

Foi então que tive a experiência de assistir a uma supervisão em que se tratava da finalização de processo, e que me deixou muito confiante. Pude, mais uma vez, testemunhar aquilo que estávamos estudando acontecer.

O ambiente de supervisão precisa estar construído em terreno sólido e saudável – um terreno comum – pois será nesse ambiente que nos mostraremos como psicólogos: como trabalhamos, nossas dificuldades, nossas facilidades e também com conceitos preconcebidos que deverão ser enfrentados e atualizados.

Só assim, ampliando nossa awareness como terapeutas, podemos ser úteis para nosso cliente, no sentido de ajudá-lo em sua jornada em busca de compreensão de sua dor.

∞ As acolhidas

Aspecto que considero crucial para que o grupo de supervisão tenha a desejada efetividade, tarefa a princípio do supervisor e depois de cada membro do grupo, é a acolhida respeitosa e confirmadora de cada cliente dos participantes do grupo. O terapeuta acolhe seu cliente com toda a amorosidade de que dispõe, dentre outras vivências, e

Capítulo 6 | Uma Supervisão Grupal em Psicoterapia Breve: Reflexões e Vivências

estabelece com ele uma relação aceitadora e não julgadora, sem a qual a psicoterapia não existirá.

Esse cliente precisa ter a mesma receptividade no grupo de supervisão, pois, caso contrário, o trabalho do terapeuta será invalidado e a supervisão ficará sem sentido, quando não iatrogênica. Isso não quer dizer que não haverá uma reflexão crítica sobre o atendimento, sobre o cliente e sobre a díade terapêutica, mas que essa reflexão se fará no mesmo clima respeitoso, provocador e aventuresco que caracteriza a boa relação terapêutica.

Uma vez que as pessoas estejam centradas na tarefa comum da supervisão dos processos terapêuticos, uma vez que estejam delimitadas com clareza a coerência do enquadre, a metodologia e a teoria de base, o propósito do grupo começa a se concretizar. No nosso caso, um dos pontos mais demorados para essa concretização foi a compreensão e a delimitação das fronteiras do trabalho breve e, a partir daí, a abertura do desejo de saber mais sobre ele, do desejo de contribuir para a criação de uma teoria gestáltica para a psicoterapia breve que seja sustentada em e sustentadora de uma prática ética, coerente e útil socialmente.

Esse é hoje o nosso estágio, ou seja, estamos com a possibilidade de esboçar os quesitos básicos dessa teoria e já demos os primeiros e corajosos passos, com apresentações em congressos, com cursos que ministramos, com o texto a que me referi acima, e mesmo com este texto sobre a supervisão. Acreditamos que brevemente teremos pronto um livro sobre esses fundamentos da psicoterapia breve gestáltica.

Vejamos a versão de sentido de João:

Uma das coisas que mais me fascinam nessa supervisão é a sensação de horizontalidade; lógico que não é uma horizontalidade real. Há alguém que sabe mais e por isso suas colocações têm sempre um peso maior. Porém, poder ser ouvido e levado em conta é algo que faz com que estar ali seja uma experiência única.

Nesses mais de 6 anos de grupo, não lembro de ter tido um momento em que me senti desvalorizado ou mesmo invalidado. Claro que nem tudo o que eu disse fazia sentido ou estava certo, mas isso nunca foi motivo para menosprezar ou mesmo diminuir o que foi falado e/ou minha presença no grupo.

Vem-me à mente a alegoria do guia xerpa, utilizada por Ênio no livro Psicoterapia de Curta Duração na Abordagem Gestáltica (substituir na leitura onde está escrito terapeuta por supervisor e cliente por supervisionando):

Para Bowen (em SANTOS, 1987, pp. 58-60), essa postura tem quatro características básicas: (1) é o cliente quem escolhe seu destino e seu caminho, cabendo ao terapeuta mostrar trilhas não notadas, respeitando o direito de o cliente escolher as seguir, ou não, com exceção dos momentos em que algum risco iminente obrigue o terapeuta a se impor; (2) por sua experiência e por seus estudos, o terapeuta conhece suficientemente bem a região, mesmo que não conheça as trilhas pessoais de seu cliente, o que possibilita ao terapeuta facilitar para seu cliente descobertas de fenômenos pouco visíveis, apontar conhecimentos disponíveis, mas pouco ou nada utilizados, encorajar seu cliente em escolhas difíceis, prevenir perigos, denunciar belezas, sugerir ritmo; (3) compartilhar as conquistas e dividir os pesos na caminhada; (4) sentir, manifestar e incentivar a fé e a consequente segurança em que aquela jornada tem sentido.

Fazer supervisão e construir uma teoria ao mesmo tempo é, sem dúvida, muito singular. E por isso fomos cuidando para que um não atrapalhasse o campo do outro, que a supervisão não fosse um impedimento à teoria, e vice-versa. A nossa ideia, e sinto que conseguimos fazer isso com maestria, é que uma colabore com a outra.

A supervisão se mostrou algo tão rico e importante que num determinado momento do nosso estudo nos deparamos com uma situação inusitada. Estávamos com casos demais para supervisionar, o que poderia ser por um lado algo bom, pois estávamos atendendo cada vez mais pessoas com essa forma de terapia, acabou se mostrando como algo que estava nos prejudicando como grupo de supervisão. Conversamos e vimos que seria uma boa limitarmos o número de atendimento para podermos nos aprofundar em cada caso, podermos vivenciá-los quase como se estivéssemos atendendo o caso do colega e vibrar com cada conquista como se essa fosse do grupo, o que na verdade era também.

Com o passar dos anos no grupo, vai ficando mais difícil se lembrar de todos os casos, inclusive porque, por serem períodos curtos de tratamento, acaba havendo um grande volume deles, ficando na minha memória os mais emblemáticos.

⍝ Alguns tópicos mais pertinentes à psicoterapia breve

Um ponto a ser destacado da supervisão em psicoterapia breve é o que trata do fim da terapia. De maneira geral, o fim de um processo psicoterapêutico é polêmico e possibilita várias interpretações, as quais vão desde a suposta alta dada pelo terapeuta

CAPÍTULO 6 | Uma Supervisão Grupal em Psicoterapia Breve: Reflexões e Vivências

até as diversas compreensões do modo de se finalizar uma terapia. No caso do trabalho breve, este fim é combinado desde o início, é aceito explicitamente pela díade, e é tema de trabalho na terapia e na supervisão, pois há uma estratégia de trabalhar com ele ao longo do processo e, paralelamente a isso, pode haver difíceis processos de luto e desprendimento para alguns terapeutas com alguns clientes, como já vimos.

Grande parte dos psicoterapeutas se formam em cursos que trabalham pouco as finalizações de trabalhos, o que faz com que os colegas cheguem para a supervisão com a necessidade de discutir mais e aprender mais sobre esse fenômeno. O fechamento dessa Gestalt na psicoterapia breve é bem diferente da que se faz em trabalhos sem prazo determinado, uma diferença que exige grande confiança no humano por parte do terapeuta, além de uma enorme capacidade de desprendimento, derivada de aceitação de fronteiras profissionais ainda a serem melhor clareadas teoricamente, ainda que já bem percebidas.

Talvez essa confiança no fim do trabalho tenha sido um dos pontos de mais lenta evolução que tivemos no grupo. Havia sempre um temor de que, com o correr do tempo, o cliente perdesse as conquistas do período da terapia, o temor de que o vivido não fosse suficiente para ensejar as mudanças necessárias, e só após mais de duas centenas de pessoas atendidas é que podemos hoje afirmar que, na maioria das vezes, a evolução da *awareness* e da autoatualização conseguida propiciou mudanças e crescimentos significativos para a grande maioria dos clientes, fenômenos que seguiram férteis por muito tempo depois de findo o encontro terapêutico.

Na supervisão, isso foi sempre assunto que gerou ansiedades, com as quais fizemos ricos diálogos. O clima de confiança no humano que havia em cada um de nós foi reforçado pelos encontros na supervisão e pela ampliação da qualidade de encontros proporcionados pelo suporte grupal nos momentos de atendimento terapêutico de cada participante do grupo de supervisão.

Hoje compreendemos que ao fim da terapia o cliente não está pronto, mas está muito melhor na lida com sua vida. Em parte isso é claro porque os humanos somos gerúndio, nunca estamos prontos; em parte porque compreendemos que o fato de alguém terminar uma terapia, qualquer terapia, não é garantia de que não precisará novamente de suporte psicoterapêutico em sua vida; em parte porque compreendemos profundamente que nenhum terapeuta pode dar garantias quanto a possíveis resultados de seu trabalho – o máximo que podemos garantir aos nossos clientes é que estaremos com eles na melhor configuração a cada sessão, o que inclui nossa confiança no poder transformador de um trabalho psicoterapêutico bem fundamentado teoricamente e bem acompanhado por um grupo suportivo de supervisão.

ℭ 111 ℬ

SUPERVISÃO EM GESTALT-TERAPIA
O cuidado como figura

A versão de sentido de Luciana:

O grupo de estudos de psicoterapia breve do Instituto Gestalt de São Paulo existe há aproximadamente 6 anos e meio, e eu participo há quase 6. Já passei por diversas fases nesses anos e vou tentar relatar como foram minhas diversas vivências durante as supervisões em grupo que acontecem semanalmente.

Falar da supervisão em psicoterapia breve, para mim, é falar em ampliação de consciência, confiança, compartilhamento e parceria.

A supervisão em grupo me proporciona a possibilidade de entrar em contato com vários olhares, diferentes perspectivas em relação a um ponto. A contribuição do grupo me é riquíssima, seja em relação aos meus clientes, seja em relação aos clientes dos colegas.

Quando ingressei no grupo, nos meus primeiros atendimentos em psicoterapia breve me sentia perdida, insegura, com muito medo de errar, mesmo tendo vivido um período somente de estudos para me apropriar da técnica. Era uma modalidade de atendimento nova para mim, e minhas experiências anteriores, bem diferentes do formato proposto. Contar meus casos em grupo me gerava bastante desconforto; tinha medo do julgamento dos colegas e do coordenador. Minhas pernas tremiam, minha voz afinava (ainda mais), e as palavras saíam conforme anotadas para não me expor tanto.

O grupo acolheu minhas inseguranças, me orientou, me deu contorno e facilitou meu processo de adaptação. Apaixonei-me pela psicoterapia breve.

Com o tempo, todas as sugestões, críticas e olhares dos colegas já não eram mais ameaçadores e passaram a ser vividos como contribuições riquíssimas que ajudaram e ajudam até hoje no meu crescimento enquanto psicoterapeuta com ênfase em trabalhos breves e enquanto pessoa. Hoje somos sete integrantes; já tivemos algumas formações, e cada uma das pessoas que passaram pelo grupo foi de extrema importância na minha caminhada. Cada um com seu jeito de atender, com sua forma de olhar e se colocar nas discussões dos casos. Certamente, algumas colocações geram mais incômodos que outras, porém esses incômodos talvez sejam a parte mais importante das supervisões; neles eu encontro as minhas dificuldades, meus gargalos, meu "calcanhar de Aquiles" e, portanto, é a partir deles que aprendo mais.

CAPÍTULO 6 | Uma Supervisão Grupal em Psicoterapia Breve: Reflexões e Vivências

Tudo isso acontece até hoje, claro que em outra proporção, com outras necessidades, mas ainda com muita confiança e carinho.

Algumas vezes, em atendimentos mais complicados, a supervisão me organiza, me acalma e me encoraja a continuar, mesmo com muita sensação de impotência. Aliás, uma das principais passagens de nossas supervisões diz respeito a se dar conta de nossos sentimentos na situação terapêutica, nossas sensações corporais, essas são grandes aliadas da compreensão diagnóstica e orientadoras da postura a ser assumida por nós terapeutas na relação com cada cliente.

Outras vezes a necessidade da supervisão está somente na confirmação dos colegas para um processo que está fluindo, o que me é de extrema importância, me possibilita manter a esperança, a autoconfiança, e minimiza a minha autocrítica.

Em nosso grupo, algo lindo e intrigante acontece com frequência. Uma sugestão de investigação ou a proposta de um foco, ou ainda uma dúvida trazida na supervisão, são esclarecidas na sessão seguinte à supervisão e emergem com tanta naturalidade que brincamos que o nosso cliente ouviu a discussão. Acredito que o campo do atendimento é trazido com toda sua energia e máxima integridade possível para a supervisão, e esse campo da supervisão, de alguma forma, também se expande para o consultório. Isso só me parece possível pela entrega dos integrantes do grupo nas discussões, pelo engajamento e pelo nosso encantamento em relação à psicoterapia breve.

Atualmente, com a pandemia, nossas reuniões passaram a ser online. Claramente não são iguais ou tão intensas quanto os encontros pessoais, perde-se uma parte, mas não totalmente. Só foi possível continuar com o empenho de todos, mesmo num momento conturbado de nossas vidas pessoais e profissionais.

Só tenho a agradecer por essa oportunidade que me foi dada e pelos colegas parceiros que fazem essa caminhada ainda mais frutífera.

❀ A memória e outros quesitos

Há uma memória grupal que se constrói passo a passo e que serve de eficiente suporte em alguns momentos. Há uma memória de cada um relacionada ao vivido no grupo que serve de suporte para a criação da identidade grupal e da identidade de grupo.

SUPERVISÃO EM GESTALT-TERAPIA
O cuidado como figura

Há uma memória que precisa de muita atenção de cada membro do grupo, relacionada aos atendimentos discutidos. No todo, são muitos clientes, os quais, em sua maioria, não são vistos pelo grupo a cada semana, dado que a escolha das histórias a serem discutidas se baseia na demanda no grupo a cada encontro.

Na nossa forma de trabalho, o terapeuta é o responsável pela solicitação de supervisão, de modo que podemos ficar até mesmo meses sem conversar sobre determinado cliente. Geralmente, em função disso, é muito comum que as supervisões se iniciem com rememorações a respeito do trabalho que se discute. Além disso, todos nós anotamos, com versões de sentido e com dados objetivos, quando necessário, cada sessão realizada.

De minha parte, como supervisor/facilitador, tenho um caderno no qual anoto o que me parece importante a cada supervisão e ao qual recorro quando quero rever algum detalhe já comentado. Essa é para mim uma das diferenças entre o trabalho do terapeuta e o do supervisor: se ao terapeuta, para que a situação clínica seja figura atualizada e límpida, é benéfico que sua memória referente ao cliente fique o mais possível no fundo, ao supervisor é salutar ter memória bem acessível sobre os atendimentos dos supervisionandos.

Para que um grupo de supervisão seja suficientemente suportivo, há algumas atitudes do facilitador/supervisor que precisam estar conscientes. Vou listar algumas que me parecem mais importantes, dado que não temos espaço para desenvolver todas elas neste capítulo:

- ▶ É necessário perceber as interações interpessoais, cada pessoa no grupo e o grupo como um todo.
- ▶ Cuidar das reações de ataque e defesa desde o início até o momento atual.
- ▶ Compreender a personalidade do grupo, pois cada grupo tem sua personalidade, emanada dos encontros e desencontros nele vividos.

Como em todas situações de aprendizagem – e a supervisão, não nos esqueçamos, é uma situação de aprendizagem – há três pontos muito relevantes a serem observados pelo supervisor/facilitador:

> (1) é preciso facilitar ao participante o sentimento de que pertence, de que faz parte; (2) a dignidade do participante deve ser preservada – é preciso transmitir-lhe o sentido de equivalência; (3) a coragem e autoconfiança do participante devem também ser preservadas ou, se for o caso, restabelecidas (BUROW, 1985, p. 109).

É preciso também levar em conta que o participante é uma unidade existencial de corporeidade-espiritualidade-mente inserido num campo, de forma que, "consequentemente, não podem ser formados e estimulados só intelectualmente, mas devem também ser provocados e estimulados emocional e fisicamente" (BUROW, 1985, p. 123).

Vamos à versão de sentido de Kathlen:

Minha primeira experiência de supervisão em grupo é recente, tem poucos meses, e confesso ainda passar pelo processo de familiarização com esse novo estilo. Não que seja ruim, porém sinto que exige uma postura diferente minha de estar presente.

Primeiro preciso descrever que as supervisões ocorrem semanalmente com um grupo de sete pessoas ao todo. Elas acontecem de maneira espontânea por quem tem a necessidade de receber orientações e/ou queira tirar dúvidas. Normalmente destinamos 1 hora e meia para a supervisão, mas sem determinar o tempo de fala de cada supervisionando, a menos que haja uma alta demanda.

O grupo já possui bastante familiaridade, o que é um ponto a favor, pois a supervisão acontece mais livremente, na organização e tempo do próprio grupo, uma autorregulação que cuida e ao mesmo tempo mantém o fluxo importante para o funcionamento e rendimento de todos. Destaco aqui esse ponto como sendo uma das primeiras diferenças que notei em supervisão com mais participantes.

Ao falar em grupo, considero que é preciso coragem, e reforço esta palavra – coragem – para expor não somente a nossa prática clínica, como o nosso raciocínio clínico, o embasamento teórico, bem como as nossas dificuldades e limitações. Se na supervisão individual existe apenas o(a) orientador(a) para escuta e troca, na supervisão em grupo essa escuta se multiplica por diferentes colegas de profissão, que também possuem conhecimentos técnicos e teóricos.

Nas primeiras vezes não foi fácil essa exposição. Timidez, autocensura e receio me acompanharam nas primeiras trocas, muito também pela minha personalidade reservada, mas, de fato, me senti exposta, inclusive por ser um grupo em que já havia certo entrosamento, e eu era completamente novata.

Ressalto aqui que não foram os membros do grupo que tiveram qualquer ação nessa direção, apenas eu que, diante de tantas pessoas, precisava expor o meu trabalho conforme seguem os padrões de uma supervisão, mas que inicialmente me deixou receosa e tensa. Por isso, afirmei que, ao adentrar para a supervisão em grupo, coragem foi a palavra que descreveu o meu movimento inicial.

Um contraponto disso é que a supervisão em grupo é capaz de proporcionar um acolhimento enorme, em que somos inteiramente acolhidos, recebidos de afeto capaz de cuidar completamente da tensão e de qualquer outro incômodo que aconteça. Um enorme envolvimento acontece, que preenche e afasta os estranhamentos. Um sentimento de pertencimento que começa a ser vivido.

Os medos, receios e incômodos se desfizeram ao longo do tempo e deixaram de ser figura. Se antes o desejo de não falar era presente, atualmente compartilhar se tornou prazeroso e por vezes até motivo de expectativa, pois a figura passou a ser justamente a escuta do grupo.

Nessa direção, outro ponto muito positivo na supervisão em grupo é que essa mesma multiplicação da escuta contribui significativamente nas falas, manejos e intervenções frente ao caso. O fato de ser em grupo permite diversos olhares e escuta ao mesmo tempo, o que engrandece o trabalho e enriquece, e muito, a supervisão. Cada integrante ressalta uma figura do caso a partir do próprio olhar, nos fazendo pensar diferente, ir além do nosso próprio raciocínio e crescer mais profissionalmente. Há questionamentos, tanto teóricos quanto de raciocínio clínico, que impulsionam, e a troca amplia o conhecimento. Talvez na supervisão individual isso se restrinja apenas às figuras do(a) supervisor(a) e do(a) orientando(a).

Ainda quanto a esse mesmo aspecto, há outro ponto marcante para mim na supervisão em grupo, que é a linearidade. Embora a própria abordagem gestáltica já traga essa visão de construção com o outro, na supervisão em grupo isso acontece muito naturalmente, em que todos estão no mesmo lugar, sem julgamento, crítica ou o conhecimento superior, mesmo por parte do orientador(a), que se coloca na mesma troca profissional de igualdade. Esse lugar é fundamental, em que é possível viver os conceitos básicos da teoria na prática da supervisão e então levá-los para o nosso próprio atendimento. Além do que, a linearidade permite o fluxo, reforça o entrosamento, o acolhimento, e o mais importante, penso eu, a segurança.

Mas, como disse anteriormente, o estar presente é diferente na supervisão em grupo. Sinto que as chances de distração são maiores do que em outras supervisões. Como se trata de um grupo de tamanho que qualifico como médio, muitas falas acontecem com os diferentes casos e manter o foco, a atenção durante os relatos, às vezes é difícil, o que me exige mais concentração e presença nesses momentos.

Somado a isso, ao longo das supervisões muitos casos são relatados por todos os integrantes, e eu observo que me lembrar de cada um deles não é uma tarefa fácil, sendo às vezes necessário repetir a história do cliente para que todos os membros do grupo possam relembrar o caso. Isso, além de demandar tempo, considero eu, torna cansativa a repetição e uma grande perda, pois sinto que em alguns momentos essa vaga lembrança me faz contribuir menos com os casos.

Preciso ressaltar também que essa supervisão é em psicoterapia breve, que se trata de um modelo ainda em construção. As supervisões são permeadas por todos os questionamentos e construções da teoria; ao mesmo tempo que se estuda o caso, estuda-se a teoria, são feitos importantes levantamentos teóricos, empíricos, subjetivos, para uma construção mais aprofundada, somados a reflexões importantes a respeito da conduta terapêutica e da atuação no momento atual.

Se antes o meu entendimento sobre supervisão era para conhecimento técnico e ampliação das capacidades apenas, após a supervisão em grupo entendo que a supervisão é um lugar de pertencimento em que a prática é também reforçada, multiplicada e não só aprendida.

⁊ Mais algumas funções e decisões do supervisor/facilitador

Há outras funções e decisões do supervisor/facilitador que quero destacar: cuidar do contrato grupal, normas e procedimentos que possibilitam e organizam formalmente a existência do grupo; facilitar o desenvolvimento de vínculos afetivos entre os participantes e desses com o supervisor; estar atento aos processos grupais, às relações interpessoais e às dinâmicas intrapessoais; perceber e manter limites pessoais quanto ao amor, à intimidade e à abertura pessoal de cada pessoa do grupo, supervisor inclusive; ter uma postura que tenha ritmo entre a afetividade e a horizontalidade, por um lado, e a atitude de *primus inter pares*, por outro lado.

SUPERVISÃO EM GESTALT-TERAPIA
O cuidado como figura

Tellegen (1984, p. 120), comentando sobre o terapeuta de um grupo, nos diz algo que é pertinente também ao supervisor/facilitador:

na abordagem gestáltica, o exercício do papel específico do terapeuta é entendido como uma participação ativa e pessoal, próxima e, ao mesmo tempo, abstinente no que diz respeito a necessidades pessoais de poder ou de gratificação. Exacerbar o papel da autoridade ou, por outro lado, camuflá-lo, são dois tipos de erros, ambos igualmente prejudiciais para o grupo.

Outro possível erro que quero comentar para caminharmos para a finalização deste texto é o supervisor não levar na devida conta que cada um dos participantes do grupo de supervisão é um profissional, tem uma história de lutas em prol do desenvolvimento de um saber que, se ainda carente de maior experiência, não é carente de desejo de ampliação, de potencialidades prontas a explodir em realizações, assim como não é carente de novas soluções não disponíveis ao supervisor e que podem ampliar a fertilidade do grupo de supervisão. Os supervisionandos têm um saber que faz com que seus clientes confiem neles. É muito bom que o supervisor possa confiar também.

A minha versão de sentido:

Olhando para o grupo desde seu início, mobilizam-me diversas vivências, as quais não sei se conseguirei colocar aqui em sua totalidade.

A primeira e mais óbvia vivência é a de orgulho. Há crescimento em cada membro, há o crescimento do grupo, há novos valores alcançados e outros renovados, há ansiedades que se fizeram produtivas, há enorme crescimento teórico e pessoal, e há, especialmente, uma atmosfera amorosa entre todos nós.

Vivo também esperança. Esperança de que cada um dos componentes do grupo se torne melhor profissional a cada dia, progresso em parte derivado dessa experiência. Há esperança de que aprendamos a fazer psicoterapia breve de forma consistente, ética, socialmente relevante, e não apenas para aqueles que não podem pagar por uma terapia mais longa, mas para todos os que podem se beneficiar desse trabalho. Esperança de que nossas descobertas teóricas auxiliem colegas a se aprimorarem em seu cotidiano profissional e pessoal.

Vivo um sentimento de realização ao mirar o grupo. Ele existe, tem identidade, tem história, enfrentou desafios enormes e tem confiança e força para enfrentar os desafios que virão. Tem horizonte e fé. Tem sentido!

Há em mim alegria também. Temos entre nós convivência bem-humorada. Temos ao mesmo tempo convivência suportiva para nossos sofrimentos, quando é o caso. Temos um fluxo de solidariedade que corre entre nós como um sonoro riacho serrano.

A estrada é íngreme ainda. Há muitos preconceitos a vencer, há muito do como trabalhar a se descobrir, há muito saber a ser desvelado e lapidado. Não é um projeto que mire fechamento para essa vida do grupo, nem de cada um de seus membros. Ele vai além, muito além, porque gerará encadeamentos e desencadeamentos frutíferos na medida em que se fizer conhecido.

Fazer psicoterapia breve com suficiente tranquilidade é fruto de fundamentada confiança no humano. Uma confiança que é e não é ingênua. É ingênua porque tem o mesmo suporte com o qual, como tão bem descreveu Thiago de Mello, um menino confia em outro menino. Não é ingênua porque considera o trágico da existência, tanto aquele causado pelos humanos quanto aquele de que somos só vítimas.

É diferente e mais aventuresco ser supervisor em trabalhos de psicoterapia breve. Exige mais coragem, mais ousadia, mais encantamento e mais confiança. Há muitas ansiedades com as quais dialogar, prosas potencialmente libertadoras. Há muitas pessoas a quem ajudar, parcerias potencialmente criadoras. Há muita coconstrução a se fazer.

O horizonte é atraente e convidativo. E isso é desafiador.

REFERÊNCIAS

AMATUZZI, M. O resgate da fala autêntica: filosofia da psicoterapia e da educação. Campinas: Papirus, 1989.

_____. Descrevendo processos pessoais. Estudos de Psicologia 1995; 12(1):65-79.

_____. Versão de sentido. In: Por uma psicologia humana. Campinas: Alínea, 2001: 73-86.

AUGRAS, M. O ser da compreensão: Fenomenologia da situação de psicodiagnóstico. Petrópolis: Vozes, 1981.

BAUNGART, T.A.A. Grupo de Crescimento Psicológico e Formação Sacerdotal: Reflexões sobre os caminhos percorridos. Tese de doutoramento, PUC-Camp, 2009.

BORIS, G.D.J.B. Versões de sentido: um instrumento fenomenológico-existencial para a supervisão de psicoterapeutas iniciantes. Psicologia Clínica, Rio de Janeiro, 2008; 20(1):165-80.

BUROW, O.; SCHERPP, K. Gestalt-pedagogia: Um caminho para a escola e a educação. São Paulo: Summus, 1985.

DELACROIX, J-M. Encuentro con la psicoterapia: Una visión antropológica de la relación y el sentido de la enfermedad en la paradoja de la vida. Santiago do Chile: CuatroVientos Editorial, 2009.

NÚCLEO DE PESQUISA EM PSICOTERAPIA BREVE DO INSTITUTO GESTALT DE SÃO PAULO. La Psicoterapia Gestalt de Corta Duración: Revisiones, cambios y perfeccionamientos. Disponível em: http://www.eniobritopinto.com.br/2020/09/24/612/. Acesso em novembro de 2020.

PINTO, E.B. Psicoterapia de curta duração na abordagem gestáltica: Elementos para a prática clínica. São Paulo: Summus, 2009, 2016

_____ Elementos para uma compreensão diagnóstica: O ciclo de contato e os modos de ser. São Paulo: Summus, 2015.

TELLEGEN, T.A. Gestalt e grupos: Uma perspectiva sistêmica. São Paulo: Summus, 1984.

YONTEF, G.M. Processo, diálogo e awareness: Ensaios em Gestalt-terapia. São Paulo: Summus, 1998.

SUPERVISÃO

Lilian Meyer Frazão

INTRODUÇÃO

Quando Virginia me convidou para escrever um capítulo sobre supervisão, a primeira coisa que me perguntei foi: "Mas, afinal, o que é supervisão?" Em busca dessa resposta, consultei meu fiel conselheiro: o grande dicionário Houaiss *online*, que definiu supervisionar como "dirigir, inspecionando (um trabalho); controlar, supervisar". Ora, certamente não é isso que eu faço ao supervisionar alunos de graduação ou profissionais de psicologia clínica. Não dirijo nem inspeciono, nem muito menos controlo o trabalho que os estagiários ou profissionais desempenham.

Aliás, acho bastante curioso pensar na palavra supervisionar. Como posso *super--ver* algo que não vi, não vivenciei? Como acho isso impossível, eu quase posso dizer que não acredito em supervisão. Mas como, se eu a faço? Em meu entendimento, supervisionar é proporcionar um exercício de raciocínio clínico a partir do relato (veja bem, relato) de um caso clínico atendido por um estagiário ou um profissional.

Em meu entendimento, clinicar demanda coerência epistemológica, conhecimento teórico que sustenta a prática e o conhecimento de técnicas que facilitem a emergência dos conteúdos. Além disso, demanda uma forma de pensar e compreender a situação que o estagiário ou profissional nos relata relativa ao que o cliente comunica, seja através de sua atitude, seja por meio de sua linguagem verbal e/ou corporal.

Por se tratar de um relato, nada garante que ele seja fiel ao acontecido, o que não tem a menor importância, uma vez que, como Gestalt-terapeuta, entendo que, mesmo

SUPERVISÃO EM GESTALT-TERAPIA
O cuidado como figura

que algumas partes sejam "criadas" ou "inventadas" pelo aluno ou profissional, essa criação ou invenção advém de um campo, campo este que provém da experiência que o aluno ou profissional tem com aquele cliente em particular. Além disso, o relato de caso é apenas o mote para o exercício do raciocínio clínico, que visa ampliar a visão clínica do estagiário ou do psicólogo. Um grupo de supervisionandos inclusive rebatizou o trabalho que desenvolvemos juntos de "amplivisão", referindo-se à ampliação da visão clínica que proporciona.

Refletindo sobre meu modo de supervisionar, identifico algumas diferenças na forma de supervisionar estudantes de psicologia e profissionais psicólogos, ainda que meu referencial teórico e prático seja sempre a Gestalt-terapia, abordagem na qual venho me especializando há quase 50 anos e que traz consigo toda uma visão de homem pautada em algumas premissas da teoria organísmica de Kurt Goldstein, da abordagem holística de Jan Smuts, na fenomenologia, no existencialismo e na teoria da Gestalt-terapia, tanto na forma como foi concebida por seus fundadores, Perls, Hefferline e Goodman e o grupo dos sete, como na forma como autores mais contemporâneos aprofundam (Martin, Yontef, Hycner, Jacobs, Polster e Polster, Robine, Spagnuolo Lob e Franceseti, entre outros), além dos colegas brasileiros que vêm pensando e aprofundando nossa abordagem, inclusive com publicações em outros países.

Em virtude das diferenças que observo, discorrerei inicialmente a respeito da supervisão ministrada a alunos e posteriormente da que é dirigida aos profissionais psicólogos.

SUPERVISÃO DE ALUNOS

*D*urante 42 anos fui professora do Instituto de Psicologia da Universidade de São Paulo (IPUSP) e por alguns anos fui supervisora de alunos de graduação. Segundo os comentários dos alunos, minha forma de supervisionar se diferenciava bastante da de supervisores de outras abordagens.

Na época em que fui supervisora (e durante certo tempo coordenadora da disciplina), a supervisão no IPUSP se dava em grupos de seis a dez participantes. No primeiro dia de aula, os supervisores se apresentavam aos alunos e debatiam algum tema relevante para a disciplina. Em seguida, os alunos escolhiam, por ordem de preferência, três supervisores.

Formávamos os grupos tentando, na medida do possível, atender à primeira escolha do aluno, o que nem sempre era possível e criava uma situação bastante delicada,

CAPÍTULO 7 | Supervisão

uma vez que o aluno no quarto ano já tem alguma ideia de qual abordagem quer seguir na clínica e nem sempre é designado para um supervisor dentro da abordagem que deseja. Particularmente pelo fato de eu ser a única supervisora em Gestalt-terapia, isso acontecia com certa frequência.

Outro agravante é que eu não me disponho a ter um grupo com mais de seis – no máximo oito – participantes em virtude das estratégias de supervisão que adoto e que descreverei a seguir.

Talvez o primeiro diferencial de meu trabalho de supervisão tenha a ver com a preocupação em *criar um sentido de grupo* entre os participantes, incluindo o supervisor. Para tanto, considero importante estabelecer com clareza o *enquadre e o contrato* de supervisão, ambos mais relacionados com a atitude do supervisor e a utilização de estratégias pedagógicas do que com as combinações efetivamente estabelecidas entre supervisor e alunos.

‿ Enquadre

No início do trabalho, nos pequenos grupos, zelamos pelo estabelecimento de um enquadre que consideramos adequado e necessário para o bom desenvolvimento do trabalho. Faz parte desse enquadre:

1. Delimitar claramente o *objetivo da supervisão*, o qual, diferentemente de muitas outras supervisões, não se restringe exclusivamente a propiciar ao aluno responsável pelo atendimento desse ou daquele cliente as orientações e os recursos de compreensão e manejo da situação clínica, mas utilizar a compreensão e a experiência de *cada* aluno para a discussão que visa ao *desenvolvimento do raciocínio clínico* do grupo em sua totalidade.

Uma vez que nosso enfoque é a abordagem gestáltica, que privilegia sobremaneira a experiência vivida, e sabendo que é "a relação figura/fundo que dá sentido à figura", não poderia ser de outro modo. A experiência vivida necessariamente perde em riqueza e intensidade quando relatada (ela perde sua vividez). Além disso, a relação particular entre cada cliente e cada terapeuta constitui uma Gestalt única a partir da qual se desenvolverá o processo terapêutico.

Algo análogo pode ser dito em relação à supervisão: a experiência relatada constitui uma nova experiência, e a relação entre o grupo como um todo e o supervisor também constitui uma Gestalt única e particular a partir da qual o relato será processado.

‿ 123 ‿

2. Tendo em vista que o objetivo da supervisão é propiciar aos alunos estagiários o desenvolvimento do raciocínio clínico e em virtude da diversidade de experiências (de vida e acadêmica) de cada aluno, surge um segundo aspecto relativo ao enquadre, que acho importante ressaltar: o *incentivo para que os alunos participem ativamente da supervisão*, facilitando e até fomentando o surgimento de diferenças, com o cuidado de deixar claro que são diferenças, o que não precisa significar que apenas uma está certa e as demais erradas. Minha experiência me mostra que inúmeras visões são possíveis a respeito de uma mesma situação clínica. Para que os alunos participem ativamente da supervisão, lanço mão de algumas estratégias diferentes:

▸ Os alunos são incentivados a relatar não apenas aquilo que pensaram, mas também o que imaginaram, sentiram e fantasiaram[1]. Isso abre espaço para que mesmo os mais inibidos e introvertidos possam dizer em voz alta o que lhes ocorre.

▸ Estimulo os alunos a falarem na primeira pessoa e a evitarem julgamentos para que se apropriem da experiência que têm ao fazerem ou ouvirem um relato.

▸ Meu entendimento é o de que toda e qualquer contribuição dos alunos constitui uma contribuição para o grupo e, nesse sentido, deve ser considerada, reconhecida e valorizada pelo supervisor. Mesmo que essa contribuição possa ser inadequada, ineficaz ou inconveniente, a discussão respeitosa constitui uma contribuição para o desenvolvimento do raciocínio clínico do grupo.

▸ Essa consideração, reconhecimento e valorização da contribuição do aluno podem se dar mediante a integração do que foi dito pelo aluno aos comentários do supervisor, visando à compreensão do atendimento.

▸ O relato de atendimento feito por um dos estagiários é uma generosa colaboração que cada um dos participantes do grupo faz para seus colegas e, nesse sentido, a supervisão é um trabalho que depende não apenas do supervisor, mas do grupo como um todo (uma das razões pelas quais friso com cuidado, quando faço o contrato com o grupo, a importância de haver pontualidade para que sempre tenhamos na supervisão o maior número possível de contribuições quando faço o contrato com o grupo).

---

[1] Embora imaginação e fantasia frequentemente sejam utilizadas como sinônimos, eu as diferencio da seguinte forma: a imaginação geralmente se baseia e/ou está relacionada com a realidade, enquanto a fantasia pode ser desvinculada da realidade. Por exemplo, um aluno dizer que "tendo em vista as dificuldades que esta paciente tem de se relacionar com homens, o fato de você ser um homem pode dificultar o atendimento" (imaginação) é diferente de "tendo em vista as dificuldades que esta paciente tem de se relacionar com homens, eu acho que sua paciente é homossexual" (fantasia).

Esse segundo aspecto (incentivo à participação ativa) também possibilita ao supervisor e ao restante do grupo conhecer cada um dos participantes (em um primeiro momento com ênfase, principalmente, em suas possibilidades e, posteriormente, também em seus limites), criando assim um clima de proximidade e cumplicidade maiores intragrupo.

Segundo observações dos alunos/estagiários, o compromisso e o cumprimento do enquadre dão sustentação para o desenvolvimento da supervisão e favorecem a possibilidade de desenvolvimento do objetivo ao qual se propõem, qual seja, o raciocínio clínico.

Ainda segundo eles, uma vez que "*todas* as contribuições são respeitadas, válidas e bem-vindas, articuladas numa síntese final, o aluno tem a sensação de colaborar *efetivamente*, contribuindo com a compreensão do material clínico, além de criar uma responsabilidade coletiva pelo caso" (depoimento de um aluno).

De acordo com os alunos, esses fatores possibilitam que eles se apropriem da supervisão. Em suas palavras: "É a nossa supervisão, constituímos um grupo..."

ꟼ Contrato

Embora algumas combinações (por exemplo, relativas a horário, pontualidade, presença, início e término da supervisão, a maneira como os atendimentos serão apresentados – por escrito ou verbalmente –, o sigilo relativo ao atendimento tanto quanto ao que foi discutido em supervisão etc.) sejam estabelecidas explicitamente com os alunos, cabe ao supervisor – prioritária embora não exclusivamente – a manutenção do contrato que possibilitará um enquadre produtivo. Muito mais do que por meio das sanções possíveis no contexto acadêmico, isso se dá mediante uma *atitude* do supervisor. Pontualidade, consideração, respeito, validação e confirmação são algumas das características que permeiam essa atitude.

É importante validar e confirmar a percepção, o raciocínio clínico e os sentimentos dos alunos que emergem, uma vez que eles ocorrem e emanam do campo da supervisão e vão aos poucos construindo a atitude terapêutica necessária à formação de um psicólogo clínico.

É altamente desejável que os alunos estejam em psicoterapia pessoal. No entanto, no contexto acadêmico de um curso de graduação não podemos fazer tal exigência, ainda que isso esteja implícito na recomendação feita reiterada diversas vezes ao longo da supervisão.

✂ Estrutura da supervisão

Antes de dar início aos atendimentos propriamente ditos, quando o aluno busca entrar em contato com seu cliente, discutimos alguns temas pertinentes (como contrato, enquadre, como proceder em caso de faltas e atrasos, pagamento, férias, feriados etc.) por meio da leitura de textos e/ou de pesquisas realizadas pelos alunos, as quais servem de mote para que eles comecem a expor suas ideias e experiências anteriores e comecem a desenvolver o raciocínio clínico.

Após iniciado o atendimento de clientes, cada encontro entre os alunos e o supervisor obedece a uma certa estrutura.

A supervisão na realidade inicia antes mesmo que o grupo se encontre. Uma vez que é solicitado ao estagiário que apresente por escrito o relato do atendimento, isso dá início a um rico processo de reflexão do estagiário sobre o atendimento realizado. Talvez pudéssemos chamar esse processo de *autossupervisão*, uma vez que com alguma frequência os alunos relatam que, ao redigir a sessão (ou sessões), perceberam isso ou aquilo, ou seja, elementos que não haviam sido notados por ocasião do atendimento. Além disso, redigir o relato propicia a reflexão do aluno sobre o atendimento realizado. (É importante mencionar que esses relatos não têm nenhuma finalidade de controle. No entanto, notamos que, conforme se cria um sentido de grupo, os relatos se tornam mais pormenorizados.)

Os encontros de supervisão em grupo iniciam com a leitura ou o relato do material escrito pelo estagiário, abrangendo todas as sessões que ocorreram desde a última supervisão. O material relatado não corresponde ao que efetivamente ocorreu no atendimento – o que seria impossível, dado o inevitável viés da experiência de cada estagiário. Por essa razão, acreditamos que o material a ser supervisionado *não é* o atendimento, mas aquilo que o estagiário lembra acerca do atendimento. Essa lembrança, obviamente, é permeada pela experiência (clínica e de vida) do aluno, pelos limites e possibilidades de sua percepção, de sua memória e de seu imaginário, e também pelas defesas do estagiário (fatores que permeiam o atendimento clínico de qualquer terapeuta, por mais experiente que seja).

Após a leitura do relato, são focalizados os sentimentos e vivências do estagiário no atendimento, o que, segundo os alunos, os incita a utilizar novos recursos na compreensão das situações clínicas. É o momento em que focalizamos "o terapeuta como seu próprio instrumento", o que inclui suas angústias, inseguranças e incertezas.

CAPÍTULO 7 | Supervisão

Em seguida, cada membro do grupo, bem como o supervisor, é convidado a partilhar os pensamentos, sensações, sentimentos e fantasias evocados pelo atendimento. Nesse momento são anotadas pelo supervisor as ideias centrais do que cada participante expõe. Nessa etapa, o supervisor busca levantar questões que fomentem o raciocínio clínico (por exemplo, "O que o fez pensar isso?" ou "Fale um pouco mais a respeito disso", ou ainda "Como você relaciona isso àquilo?"; "Como você entende o sentimento que o paciente despertou em você?" etc.).

É nesse momento que tem início a delicada tarefa do supervisor de articular esse conjunto, tornando-o didático para o grupo. Entendo ser esse conjunto:

▶ o relato e a experiência do estagiário e aquilo que é percebido a partir da experiência de cada membro do grupo;

▶ as questões relativas ao manejo das situações clínicas que o relato propicia;

▶ as questões teóricas que emergem a partir do relato e da experiência do grupo com o relato;

▶ as questões técnicas que se originam do relato feito pelo estagiário;

▶ os sentimentos que o relato suscitou no estagiário responsável pelo atendimento e nos demais membros do grupo.

Comparo essa etapa à confecção de um *patchwork* (não uma simples colcha de retalhos)[2]: é preciso articular a totalidade do que foi colocado por cada membro do grupo, dando-lhe harmonia e coerência. Cada participante contribui com seu "pedaço", cabendo ao supervisor usar "agulha e linha" para "alinhavar" os retalhos, juntando-os de forma coerente e teoricamente embasada. A "agulha" seria a teoria clínica fundamentada na abordagem teórica do supervisor e sua coerência epistemológica; a "linha", a experiência clínica do supervisor. Nesse momento é estabelecida uma articulação com a teoria e são também introduzidos exemplos clínicos. Os alunos descrevem essa tarefa do supervisor como a de um "organizador".

De acordo com os comentários dos alunos, nessa etapa é possível "amarrar informações, impressões, reflexões desconexas, formando um texto que acaba por fazer muito sentido".

---

[2] Entendo haver uma diferença significativa entre uma colcha de retalhos e um *patchwork*. Enquanto a primeira é composta por pedaços de tecidos de cores, estampas e formatos diferentes, o *patchwork* demanda um planejamento, pois envolve uma harmonia, às vezes até simetria, entre as cores, estampas e formatos dos pedaços de tecido.

Na última etapa da supervisão, os alunos são convidados a comentar, acrescentar, discordar ou concordar, entre outras possibilidades, com a articulação elaborada pelo supervisor. Novos retalhos são introduzidos e o *patchwork* se reconfigura.

Complementando a supervisão, é sugerida ao grupo a leitura de textos, teóricos ou não – podem ser utilizados contos de fadas, romances, contos, filmes, poesias ou o que mais puder auxiliar o desenvolvimento e o aprofundamento dos tópicos levantados em supervisão.

○ Resultantes

Em decorrência desse enquadre, desse contrato e dessa estrutura de supervisão, temos nos deparado com alguns resultados significativos para o processo de aprendizagem do complexo ofício de terapeuta. Todos se referem ao comprometimento e à responsabilidade dos alunos. Vale mencionar alguns:

- ▸ com seu processo de aprendizagem;
- ▸ de cada membro com o processo de aprendizagem dos colegas e do grupo como um todo;
- ▸ de cada aluno com seu atendimento clínico;
- ▸ de cada aluno com o atendimento clínico de cada um dos colegas de grupo;
- ▸ de cada aluno na implementação da compreensão e manejo clínico.

○ Sobre os clientes

No Instituto de Psicologia da Universidade de São Paulo temos uma clínica psicológica (Clínica Durval Marcondes) que atende pessoas da comunidade: crianças, adolescentes, adultos e idosos.

A clínica psicológica oferece vários tipos de serviço: psicoterapia de crianças, adolescentes e adultos, orientação profissional, diagnóstico psicológico etc. Os serviços ofertados variam de acordo com as necessidades de prática de cada disciplina que oferece estágio.

Em um primeiro momento, os clientes que procuram a clínica são atendidos por uma assistente social e/ou um psicólogo que vai avaliar a demanda da pessoa e suas possibilidades financeiras, estabelecendo um valor factível de pagamento. Embora o assunto seja muito controverso e suscite opiniões muito divergentes quanto a se o atendimento na USP deve ou não ser pago, acredito ser muito importante que o aluno

CAPÍTULO 7 | Supervisão

tenha a experiência de lidar com as questões de pagamento que muitas vezes emergem no atendimento e que eventualmente podem ter significados que transcendem ao pagamento propriamente dito. Além disso, o pagamento, por inúmeras razões que não cabe aqui expor, desde que tenha um valor significativo, também implica maior comprometimento do cliente com seu tratamento (e este tema certamente poderia originar outro livro).

No início do ano letivo, o psicólogo ou a assistente da clínica social do instituto consulta cada supervisor sobre a quantidade de clientes que deseja em seu grupo e a faixa etária (adulto, criança, adolescente). Sempre solicitei pacientes adultos, cujas queixas não fossem de suicídio, tema de manejo difícil para os alunos da graduação, e não fossem portadores de transtornos psicóticos, dependentes químicos ou mesmo *borderlines*, uma vez que essas dificuldades emocionais exigem especialização e qualificação que os alunos não têm.

⁊ A disciplina

Nos primeiros anos de supervisão, a disciplina de atendimento clínico cobria dois semestres, passando a corresponder, nos últimos anos, a quatro, o primeiro dos quais representava para alguns professores um período de "estudo de caso", visando à avaliação e ao diagnóstico. Em meu entendimento, avaliação e psicoterapia caminham lado a lado, e conforme tratamos, diagnosticamos, e conforme diagnosticamos, tratamos o cliente, razão pela qual me referi a esse processo em outros textos como o *pensamento diagnóstico processual*.

Ao final de cada semestre, o aluno podia escolher se continuaria ou não com o mesmo supervisor. Cada supervisor informa ao conjunto de alunos quantas vagas se encontram disponíveis em seu grupo. Na maioria das vezes, meu grupo permanecia com os mesmos participantes ao longo dos quatro semestres.

⁊ Relatório de estágio

Ao final de cada ano letivo, e por ocasião do encerramento do atendimento, o aluno precisava fazer um relatório, cujo roteiro eu lhe fornecia (anexo 1).

A feitura do relatório de estágio consistia também em uma rica experiência para os alunos por possibilitar que eles se apossassem do caminho percorrido com seus clientes e do processo de aprendizagem.

Além disso, era também um aprendizado, uma vez que em muitas situações, principalmente na clínica ampliada, os profissionais precisam fazer relatórios ou manter registros de seus atendimentos, e a confecção do relatório possibilita aos alunos essa experiência.

☙ Finalização do estágio

Por ocasião da finalização do estágio e do curso de graduação, restariam quatro possibilidades:

- ► o aluno encerrar o atendimento do cliente;

- ► encerrar o atendimento do cliente com aquele terapeuta/estagiário e encaminhá-lo para dar continuidade com outro colega;

- ► continuar atendendo o cliente na clínica da universidade com a garantia de que o aluno manteria as mesmas condições de atendimento e estaria em supervisão;

- ► caso, ao se formar, o aluno passasse a clinicar em seu próprio consultório, ele poderia oferecer ao cliente a possibilidade de dar continuidade ao atendimento em seu consultório, devendo manter as mesmas condições de atendimento na USP e estar em supervisão.

☙ Avaliação

A realização do estágio em um espaço acadêmico oferece a possibilidade de algum tipo de avaliação para a aprovação ou reprovação do aluno. Avaliar um aluno nesse tipo de atividade me parece ser uma tarefa bastante difícil e ao mesmo tempo necessária. Optamos por uma autoavaliação (anexo 2), e a nota final resultaria da média entre a avaliação do aluno e a avaliação do professor e, se houvesse disparidade maior que 2 pontos, a maior nota (independentemente de ser atribuída pelo professor ou pelo aluno) seria reduzida de modo que a disparidade não fosse maior do que 2.

Cabe mencionar que, embora o supervisor seja um participante ativo do grupo, não se perde de vista a autoridade da qual é investido, seja em virtude de sua experiência clínica, seja em razão, no caso específico da academia, do poder que a função de professor/supervisor lhe confere.

Capítulo 7 | Supervisão

SUPERVISÃO DE PROFISSIONAIS PSICÓLOGOS

Em virtude de minha experiência profissional ser exclusivamente desenvolvida com clientes adultos, minha supervisão atualmente se restringe aos profissionais que trabalham com esses clientes, embora nos primórdios da Gestalt-terapia no Brasil eu tenha supervisionado uma psicoterapeuta que atendia crianças. Como na época não tínhamos nenhum Gestalt-terapeuta infantil no Brasil, e por se tratar de uma psicoterapeuta bastante experiente, eu me disponibilizei a supervisioná-la por um período.

Embora a supervisão de profissionais psicólogos em muitos aspectos se assemelhe à oferecida a estudantes estagiários de psicologia, ela apresenta algumas diferenças. Normalmente, as questões relativas a contrato e enquadre já estão bastante estabelecidas e consolidadas com os profissionais, de modo que apenas eventualmente precisam ser retomadas.

Um elemento importante na supervisão é a terapia pessoal do terapeuta. Muitas situações clínicas com as quais nos deparamos esbarram em experiências pessoais do terapeuta, e é importante que ele possa discriminar no campo terapêutico os elementos que são seus e os que pertencem ao cliente. Além disso, questões levantadas pelo cliente em sessão podem mobilizar questões pessoais do psicoterapeuta, as quais precisam ser trabalhadas em sua própria psicoterapia para que as emoções mobilizadas não interfiram negativamente na relação terapêutica. A depender da habilidade do psicoterapeuta, essas emoções podem inclusive ser colocadas a serviço do cliente.

Em Gestalt-terapia, acreditamos que um elemento importante na relação terapêutica é a atitude dialógica do terapeuta em relação ao cliente. Acredito que o mesmo se aplique à relação supervisor/supervisionando, no sentido de que devemos confirmar o trabalho desenvolvido pelo psicoterapeuta, ao mesmo tempo que devemos contribuir para a ampliação do escopo de possibilidades de leituras clínicas da situação.

Quando comecei a escrever este capítulo, pedi a meus supervisionandos que elaborassem um depoimento focalizado em duas questões:

▶ como descreveriam a supervisão que fazem comigo;

▶ o que significa a supervisão para cada um deles.

Seguem alguns trechos desses depoimentos:

[...] é um espaço de respeito à forma de cada um (Magali).

Existe um respeito ao falar de cada cliente, um "tirar as sandálias" para entrar no solo sagrado de outra pessoa, contribuir com aquele solo e se retirar, entregando à supervisionanda a fertilização para adubar aquela terra específica (Francine).

[...] desenvolvimento de quem está sendo ali visto, ouvido e sentido (Lucas).

Oportunidade de refletir e aprofundar sobre o caso clínico (Mariana).

[...] Lugar onde todas as dúvidas seriam sanadas, espaço para trazer as angústias e questionamentos quanto à atuação profissional, espaço de troca profissional, aprimoramento de postura ética e técnica (Rachel).

[...] Olhar aguçado, apuradíssimo, preciso e amoroso da Lilian, que me revela uma visão para além do alcance, capaz de perceber e apreender qualquer mudança, gesto ou nuança, mesmo que ínfimo ou quase imperceptível. Ao escutar os relatos dos meus casos, ela consegue ouvir o inaudível e trazer à luz o que, às vezes, para mim parece incógnito (Vanessa).

[...] O que é compartilhado vai muito além do manejo terapêutico, mas como eu, terapeuta, me observo, observo meu paciente, percebo o campo ao meu redor e, como nada é por acaso, reafirmando para mim a Gestalt (Débora).

[...] se interessa profundamente pelos casos que apresentamos e nos escuta com muito respeito e cuidado. É curiosa, observadora, utilizando-se sempre de uma postura aberta e dialógica (Patrícia).

[...] As sensações, emoções, percepções pessoais são sempre muito bem-vindas e sinalizadoras de um caminho que amplia a percepção sobre o processo terapêutico. Sinto-me muito acolhida tanto na minha ignorância e inexperiência como na minha expertise e sagacidade. Sinto-me humana, e com isso vou criando um espaço cada vez mais confortável pra acolher as pessoas em sua humanidade (Fernanda).

CAPÍTULO 7 | Supervisão

Entendo que a supervisão se assenta sobre o tripé desenvolvimento de racio-cínio clínico-consideração com os sentimentos que o terapeuta tem em relação ao cliente-estabelecimento de conexões entre a teoria e a prática, além da já mencionada psicoterapia pessoal.

Basicamente, trata-se de um exercício de desenvolvimento de raciocínio clínico. De modo geral, acredito que a supervisão em grupo seja mais útil do que a supervisão individual. Normalmente trabalho com grupos de quatro ou cinco pessoas, e os encontros têm a duração de 1 hora. A experiência dos participantes pode variar desde profissionais formados há pouco tempo até aqueles que já têm 10 ou 20 anos de exercício da profissão.

Segundo meu entendimento, a supervisão não é uma atividade da qual ape-nas recém-formados podem se beneficiar. Acredito que, mesmo com grande experiência profissional, sempre podemos nos beneficiar de outro olhar sobre nosso trabalho.

Na maior parte das vezes, meus supervisionandos são formados em ou estão cursando a especialização em Gestalt-terapia. Eventualmente, um ou outro não tem essa formação, mas demonstra bastante interesse pela abordagem.

No primeiro encontro com o grupo, esclareço o que entendo por supervisão, que considero um exercício para o desenvolvimento do raciocínio clínico em que a cada encontro um dos participantes generosamente compartilha com o grupo um atendimento realizado por ele.

Em seu relato, fornece alguns elementos da história de vida do cliente (idade, sexo, profissão, constituição familiar – família de origem e família atual, quando for o caso – inserção do cliente na constituição familiar, queixa que o trouxe à terapia, estado civil etc.) e como tem se desenvolvido o processo tera-pêutico. Às vezes ocorre uma demanda específica por parte do supervisionando e nesse caso, tanto quanto possível, voltamos nossa atenção para a tentativa de atender essa demanda.

Ao final do relato, sempre pergunto quais sentimentos o cliente desperta no terapeuta, como ele se sente durante e após o atendimento.

Em seguida, pergunto o que chamou a atenção do grupo ao longo do relato, quais sentimentos suscitou em cada membro e o que emergiu como figura.

Depois de o grupo todo ter se colocado, algumas vezes apontando para questões bastante diferentes umas das outras, eu descrevo o sentimento que o cliente suscitou em mim e minha compreensão clínica a respeito do atendimento prestado pelo colega. Normalmente, o sentimento que o cliente desperta em mim advém da empatia que sinto para com ele e aponta para alguma necessidade ou alguma Gestalt aberta no cliente. Ao longo da supervisão, busco estabelecer conexões entre a teoria e a prática clínica, esclarecendo conceitos e aspectos teóricos da abordagem gestáltica. Além disso, ilustro com situações clínicas semelhantes de minha própria experiência e recomendo a leitura de textos que favoreçam a compreensão teórica dos casos clínicos apresentados.

Eventualmente, sugiro formas de intervenção que na maior parte das vezes são constituídas por experimentos baseados nos recursos técnicos da Gestalt-terapia.

Incentivo cada supervisionando a desenvolver seu próprio estilo de trabalho e a descobrir ao longo de sua jornada clínica quais são os elementos que mais o caracterizam.

Quero finalizar este capítulo com uma linda metáfora com a qual uma supervisionanda me presenteou:

Como uma maestra exímia, a supervisora recebe minhas composições e, com seu dom de melodizar seu conhecimento, transforma suas orintações em canções que aquecem meu coração! Juntas, criamos os arranjos, ajustamos os acordes e admiramos o recital do cliente. Ao final, levo comigo notas preciosas para auxiliar e encorajar o meu cliente a escrever sua própria letra, criar seu próprio ritmo, construir sua própria melodia e descobrir se aquela harmonia lhe pertence, se lhe faz sentido ou se prefere criar nova toada mais genuína e mais autêntica. (Vanessa)

REFERÊNCIAS

Grande Dicionário Houaiss online. Disponível em: https://houaiss.uol.com.br/corporativo/apps/uol_www/v5-4/html/index.php#1. Consulta em 17/09/2020.

Aurélio online. Disponível em: https://www.dicio.com.br/supervisao/. Consulta em 17/09/2020.

CAPÍTULO 7 | Supervisão

ANEXO 1

ROTEIRO PARA ELABORAÇÃO DE RELATÓRIO DE ATENDIMENTO

1. IDENTIFICAÇÃO DO CLIENTE
Nome:
Prontuário n°:
Data de nascimento: (idade)
Estado civil:
Escolaridade:
Profissão:
Endereço:
Telefone:
Constituição familiar:

2. DADOS DO ATENDIMENTO
Início da psicoterapia:
Término da psicoterapia:
Número de sessões semanais:
Número total de sessões: (mencionar número de faltas, se houver)

Observação:

3. QUEIXA EXPRESSA_____

4. HISTÓRICO DA QUEIXA_____

5. HISTÓRICO DE VIDA_____

6. DESENVOLVIMENTO DO PROCESSO TERAPÊUTICO_____

7. RELACIONAMENTO COM O TERAPEUTA_____

8. ENCAMINHAMENTO_____

9. OBSERVAÇÕES_____

Data e assinatura do estagiário e do supervisor

CB 155 BO

ANEXO 2

ATENDIMENTO EM PSICOTERAPIA INDIVIDUAL DE ORIENTAÇÃO DINÂMICA

Profa. Lilian Meyer Frazão

Nome: _____

_____semestre /20

Autoavaliação

Dê-se uma nota pelo seu desempenho e desenvolvimento no semestre, levando em consideração as seguintes atividades:

• **Atendimento:** compreensão e manejo clínicos

• **Participação em supervisão:** de seu atendimento
do atendimento de colegas

• **Discussões clínicas:** participação
aproveitamento

• **Leitura e apresentação de textos**

Justifique sua nota:

_____

_____

_____

_____

_____

_____

_____

A SUPERVISÃO EM PERSPECTIVA GESTÁLTICA: UM RECURSO PARA O ENSINO-APRENDIZAGEM DA PSICOTERAPIA

Sandra Maria Moreira de Menezes

INTRODUÇÃO

Como se ensina a fazer psicoterapia? De quais recursos e instrumentos dispõem aqueles que a ensinam? Como se sabe quando o aprendiz está de fato assimilando os modos de um fazer tão peculiar e técnico quanto eminentemente humano? Uma vez aprendido o ofício, finalizamos a jornada de aprendizagem?

Quando falamos do ensino da ciência psicológica de um modo geral, encontramos, sim, parâmetros epistemológicos e teóricos, assim como testes, métricas e instrumentos definidos que oferecem regras claras sobre o "como fazer" em cada uma de nossas áreas de atuação. Ao delimitar essa reflexão ao ensino das psicoterapias, também temos abordagens psicológicas devidamente reconhecidas por nosso conselho de classe no que diz respeito a seus aspectos técnico-científicos conferidos ao modo de compreender o comportamento humano, intervir em situações de adoecimento psicossocial e promover saúde afetiva, mental e relacional, com referência a cada uma dessas linhas teóricas.

Considerando as questões levantadas previamente, entendo que a supervisão de casos clínicos seja um viés do ensino da psicologia como profissão, especificamente

SUPERVISÃO EM GESTALT-TERAPIA
O cuidado como figura

no contexto da graduação, em que as instituições de ensino superior (IES) têm a responsabilidade de oferecer condições pedagógicas para assegurar ao aluno/futuro profissional o fundamental para que consiga atuar no campo de trabalho – nesse caso, refiro-me à clínica individual para adultos.

Nesse campo de atuação, a disciplina Estágio Clínico Supervisionado é um dos dispositivos de ensino ao aspirante a psicoterapeuta sobre os aspectos práticos desse trabalho, como técnicas interventivas, postura terapêutica, psicodiagnóstico e manejo da relação terapêutica, além de ensinar e praticar o raciocínio clínico com base na linha teórica escolhida, mas também auxilia o aprendizado de uma escuta interdisciplinar, isto é, ouvir as queixas dos clientes e suscitar hipóteses diagnósticas que incluam as demais áreas da saúde, como psiquiatria, ginecologia e neuropsicologia, dentre outras especialidades, bem como da rede de assistência e apoio, como o reconhecimento na queixa do cliente de possíveis necessidades assistenciais jurídicas, amparos sociais e serviços de proteção contra violências, por exemplo (YAMAMOTO, 2007; ZURBA, 2011).

Essa disciplina acadêmica pode cumprir sua função por meio das clínicas-escola, que ofertam à comunidade o serviço de psicoterapia por um valor social, e é nesse ambiente que a prática clínica tem início na vida de todo psicoterapeuta. Desse modo, a supervisão surge no contexto das IES como forma de estabelecer a conexão entre a teoria e a prática profissional de acadêmicos no fim de suas graduações, amparando-os tecnicamente nesse primeiro contato com o mundo do trabalho em sua área de conhecimento (SÁ, 2010; BRIOLLA, 2011).

Entretanto, a leitura que proponho sobre a supervisão, neste capítulo, se aproxima do compromisso ético do psicoterapeuta com a sua práxis e consigo mesmo, na perspectiva de que ele é seu principal instrumento de trabalho (POLSTER & POLSTER, 2001; COLOMBO, 2009). Nesse sentido, ser psicoterapeuta é estar presente de modo cognitivo, emocional e motor diante dos discursos verbais e não verbais de nossos clientes, uma vez que nosso trabalho não se limita a acompanhar a pessoa no relato de suas experiências, mas também inclui confirmar o valor e a dor que lhes atribui, despertando nela o interesse por seu próprio jeito de pensar, agir e sentir.

Ao refletir sobre esse ato psicoterapêutico, com base na literatura publicada, considero impossível que um psicoterapeuta trabalhe na perspectiva da neutralidade cartesiana ou desimplicado do processo terapêutico (GINGER & GINGER, 1995; FREITAS, 2016; CALLIGARES, 2019; CARDELLA, 2015; BELMINO, 2020), e com esse recorte descreverei a prática supervisionada como uma proposta que vai ao

CB 138 BO

CAPÍTULO 8 | A Supervisão em Perspectiva Gestáltica:
Um Recurso para o Ensino-Aprendizagem da Psicoterapia

encontro do psicoterapeuta, em início de carreira ou não, como um entendimento de que ela compõe o processo, nunca terminado, de seu aprimoramento profissional.

Situo, portanto, as correlações teóricas aqui alinhavadas como figuras que emergem de minha experiência em supervisões individuais e grupais, tanto presenciais como *online*. Os grupos têm um número mínimo e máximo de participantes, são fechados e são desenvolvidos em quatro ou em até oito encontros em uma frequência quinzenal.

Durante os encontros, os participantes têm disponíveis até 60 minutos para fazerem sua narrativa clínica e receberem tanto meu *feedback* como o dos outros membros do grupo.

Como supervisora nesses grupos, percebo que meu trabalho se assemelha ao ato de cultivar, muito mais do que ao de semear, haja vista a existência em cada supervisionando de bagagens teóricas e técnicas assimiladas em sua jornada até ali, juntamente com sua experiência clínica. Ainda que eu esteja diante de psicoterapeutas iniciantes, entendo que eles também guardem em si aspectos fundamentais aprendidos em seus estudos, experiência de vida e psicoterapia pessoal – mesmo que tenham cronologicamente pouca idade.

Nesse campo, o supervisor é alguém que já trilhou algumas estradas, já se viu em alguns apuros e fez/continua fazendo suas próprias travessias pessoais e profissionais, dispondo em si da condição para ocupar o lugar de testemunha das potências criativas e interventivas do supervisionando, cultivando e cuidando para que a planta cresça e se desenvolva em suas potências singulares, em consonância com seu ambiente, facilitando a confiança em seus sentidos e perspectivas e a aquisição de autonomia profissional. Esse lugar afasta o supervisor de tornar o supervisionando um modelo de si próprio.

SUPERVISÃO PARA QUÊ?

"*P*orque fazer supervisão se já sou graduado, especializado e meu consultório está com agenda cheia... Se eu estudo muito?"

Sintetizei em uma pergunta alguns dos questionamentos que já ouvi de alguns colegas psicoterapeutas iniciantes e com experiência, quando o assunto é voltar o olhar e a reflexão para sua prática no consultório, e sabemos que se tornar psicoterapeuta pressupõe a aceitação de que seremos caminhantes de uma jornada incessante para a qual teremos à disposição três recursos: o estudo teórico, a psicoterapia pessoal e a supervisão (CARDELLA, 2002; WATKINS, 2014).

Sobre o primeiro, temos o saber psicológico adquirido na academia, e do Gestalt-terapeuta se espera a atualização do conhecimento teórico, tornando-o articulado com experiência pessoal, pelo vivido.

Percebemos que, na perspectiva das abordagens fenomenológico-existenciais, não conseguimos separar estudo teórico do vivido, porque temos a compreensão de que o aprendizado desse ofício requer de nós a experienciação dos conceitos e técnicas que estruturam nossa abordagem, de modo que nossa prática se aproxime de nosso "objeto de estudo" tal qual ele se apresenta – e que nos espelha: humano, diverso, belo, contraditório e angustiado. Somos, portanto, convocados a sair do lugar conhecido e familiar, abandonar referenciais e experimentar a complexidade da relação terapêutica, tornando-nos capazes de estar presentes de modo espontâneo e criativo, pois a psicoterapia não é um trabalho "confortável", previsível, que nos dê a sensação de controle (YALOM, 2007; WATKINS, 2014; CALIGARES, 2019).

Nesse sentido, tal qual um gradiente, partimos do conhecimento teórico assimilado na academia, na pós-graduação e através dos livros, transitamos por nossas experiências vivenciadas em nossos intercâmbios no campo das relações cotidianas, passadas e em nossas expectativas, sonhos, desejos... Nisso aparece o segundo recurso mencionado pelos autores, que é a psicoterapia pessoal como suporte ao psicoterapeuta no que se refere à sua forma de estar/se ausentar na vida no contexto de seus dramas pessoais, em suas crenças e evitações, pois a grande questão aqui é: como os desdobramentos disso se refletem na escuta do outro humano que traz, muitas vezes sem filtro, sua dor, conflitos e autoboicotes? Como nossas intervenções serão elaboradas, com foco no cliente, não fossem nossos processos de autocuidado em psicoterapia pessoal?

O nexo fundamental que se faz entre a necessidade de autocuidado do psicoterapeuta e seu ofício de escutador é o fato de reconhecermos serem as intervenções clínicas elementos cocriados emergentes dos fenômenos de campo de cada relação terapêutica, um ambiente em que nosso sistema *self* e o do cliente se armam como uma rede complexa e repleta de pontos interconectados em mim, no cliente e ENTRE nós? (PERLS, HEFFERLINE & GOODMAN, 1997; ROBINE, 2006; MULLER-GRANZOTTO, 2007; FREITAS, 2016; FRANCESETTI, 2015).

Nesse ENTRE, nós como psicoterapeutas poderemos ser cegamente atraídos para nossa própria dor quando estamos atendendo à demanda dos clientes. Aqui falamos de uma nuance interessantíssima da profissão que é o paradoxo de nossos pontos

Em muitos grupos de supervisão é comum ouvir a aflição de psicoterapeutas por se sentirem vulneráveis em seu modo de intervir clinicamente em função de sua história de vida, de suas questões pessoais, e por isso assumem posturas rígidas sobre si, insistindo na impossibilidade de deixar fora da relação terapêutica seus problemas e dificuldades, emperrando a fluidez de seu processo criativo durante as sessões. Nesse ponto, o trabalho em supervisão é auxiliar o profissional a acolher quem ele tem sido, com suas limitações, e ajudá-lo a perceber como seus codados poderão facilitar a *awareness* do cliente.

Assim, chegamos ao terceiro recurso disponível ao psicoterapeuta em sua jornada em vir a ser um Gestalt-terapeuta, a supervisão, que serve para que ele encontre suporte para suas ansiedades e a possibilidade de ter uma visão ampliada sobre a qualidade de sua presença junto ao processo clínico e sobre suas intervenções e reconheça possibilidades de recursos técnicos que potencializem o processo de contato de seus clientes; para que tenha a chance de olhar onde sua pessoalidade está se interconectando ao processo a ponto de interferir, facilitando ou travando o processo terapêutico de seus clientes (VASCONCELLOS, 2007; FREITAS, 2016; ALMEIDA, OLIVEIRA & PEREIRA, 2020).

A supervisão tem a função de auxiliar o desenvolvimento do raciocínio clínico a partir da teoria e da experiência de si; aprimorar as capacidades de escuta, compreensão, confiança, empatia e de troca interpessoal, que devem ser genuínas e não afetadas pela onipotência ilusória do terapeuta (FRAZÃO, s/d *apud* CARDELLA, 2002; ALMEIDA, OLIVEIRA & PEREIRA, 2020).

Nesse aspecto, destaco a experiência vivida nos grupos de supervisão sob minha facilitação e que diz respeito ao acolhimento das fragilidades, medos e inseguranças dos psicoterapeutas ao perceberem que suas dificuldades são semelhantes às do colega e que o encontro clínico de supervisão gera o dado vivencial de suporte, apoio e coconstrução de conhecimento técnico-interventivo, além de nos aproximar de forma amorosa e respeitosa de nossas humanidades.

Para que supervisão? Talvez a resposta esteja na compreensão de que esta seja parte do gradiente que compõe nosso cuidado ético e técnico com nosso trabalho e, assim, ela é parte do todo que escolhemos quando optamos por ser psicoterapeutas gestálticos.

SOBRE O FUNDO DE ONDE EMERGE A FIGURA "SUPERVISÃO CLÍNICA NA ABORDAGEM GESTÁLTICA"

Embora seja uma prática à qual me submeto desde o princípio de minha carreira e um serviço que ofereço há quase uma década, ao pensar sobre os atos envolvidos nisso e sobre como o fazemos, sinto-me diante de um "mistério", experimentando um ambiente profissional cujos componentes não são tangíveis, exceto pelas pessoas envolvidas no processo, mas que são perceptíveis por seus efeitos em mim, nos supervisionandos, no campo que constituímos e, sobretudo, nos efeitos de transformação do cliente, cujo processo psicoterapêutico está sendo analisado em sua forma clínica durante a supervisão.

Quando uso a palavra mistério entre aspas, ressalto meu zelo pelo caráter técnico--científico que estrutura a abordagem gestáltica e, portanto, nossa prática clínica em suas mais diversas formas e nuances, sem negar um aspecto próprio da vivência de supervisionar, que é a exigência de confiar nas ofertas e possibilidades de entrega que podem emergir no campo supervisor-supervisionando(s) e que aparecem através de aberturas, entraves, inseguranças, desconfianças, medos e pedidos de "receita das melhores perguntas" ou "lista de experimentos para fazer o cliente falar".

Além disso, como supervisores, estamos sempre no trânsito fino e sutil entre enxergar e fortalecer a potência criativa do supervisionando e auxiliá-lo no refinamento da técnica interventiva sem imprimir nele nossa própria forma de fazer psicoterapia. Como supervisores clínicos, precisamos ouvir e ajudar a supervisionando a encontrar seus próprios sentidos e/ou coconstruir outros a partir da inclusão de elementos da perspectiva do supervisor e do grupo (CALLIGARES, 2019; ALMEIDA, OLIVEIRA & PEREIRA, 2020).

A respeito dessas reflexões, é coerente ressaltar a compreensão da Gestalt-pedagogia sobre o ensino-aprendizagem na área da psicologia. Segundo Burow e Scherpp (1985, p.103), a Gestalt-pedagogia

> [...] abrange conceitos pedagógicos que se orientam pelas ideias teóricas e práticas da Psicologia da Gestalt [...] fundamenta-se também nos conceitos da Psicologia Humanista, cujas raízes espirituais e históricas remetem ao Humanismo, à Filosofia Existencial e à Fenomenologia.

Desse modo, a leitura que fazemos dos sujeitos envolvidos no processo de aprendizagem das psicoterapias, especificamente no ensino prático desse ofício, é de um

Capítulo 8 | A Supervisão em Perspectiva Gestáltica: Um Recurso para o Ensino-Aprendizagem da Psicoterapia

ser organismicamente potente para realizar interações no campo de relações tangíveis (aspectos biológicos, relacionamentos, coisas, instituições) e intangíveis (aspectos psicoafetivos, espirituais e transgeracionais), com vistas a se autorregular e se autogerir em um processo de vir a ser contínuo, cujos desdobramentos interferem e sofrem interferência no/do contexto sócio-histórico e cultural do qual é parte e que oferece borda para suas escolhas e corresponsabilizações em seu modo de ser-engajado-no-mundo (PERLS, 1977; PERLS, HEFFERLINE & GODMAN, 1997; RODRIGUES, 2000).

Nessa perspectiva, ensinar-aprender é uma relação cujo encontro é propício para a coconstrução de sentidos e significados de conteúdos, técnicas e instrumentos de nossa área de atuação, aqui especificamente a clínica (FORGHIERI, 2004; DARTIGUES, 2005). Somos sustentados pela fenomenologia ao assumir uma postura diante do supervionando, baseada na relação, aguardando o desvelar deste através de sua narrativa clínica, na certeza de que os aspectos que se ouve são apenas partes da totalidade constituída pela díade terapêutica em análise.

Destaco ainda a postura dialógica buberiana (HYCNER, 1995; JACOBS, 1997) como orientação básica no trabalho de supervisão clínica, a qual pressupõe a busca constante por facilitar o reconhecimento, por parte do supervisionando, de que é agente de transformação da própria vida mediante a restauração do diálogo consigo mesmo, e isso interfere na vida de seus clientes.

Esse reconhecimento e restauração do diálogo podem ocorrer através de uma relação delineada pelo vínculo profissional constituído pela alternância das atitudes Eu-Tu e Eu-Isso por parte do supervisor, conferindo qualidade de presença durante a escuta dos relatos de sessões para que os apontamentos sejam suportivos, esclarecedores, acolhedores da singularidade do terapeuta que ali se mostra a cada intervenção descrita.

Tanto o terapeuta recém-chegado em sua jornada solo como o terapeuta que já percorre essa trilha há algum tempo, quando solicitam supervisão, estão vivenciando o que Yalom (2007) e Cardella (2015) chamam de desalojamento, do incômodo do não saber, da solidão imbricada no ser terapeuta, bem como o desconforto do espelhamento da humanidade do profissional diante da dor escancarada pelo cliente.

Nesse sentido, a supervisão com base na Gestalt-terapia implica o ato de esclarecer aspectos técnicos de manejo clínico (relação Eu-Isso), mas também uma leitura complexa e desconcertante sobre relação psicoterpêutica, em que o supervisionando estará exposto ao encontro de si mesmo, manifesto em suas narrativas clínicas

ෆ 143 ෴

(relação Eu-Tu) e de suas intervenções, através do que pode ouvir do discurso do cliente e o que irreflexivamente silencia. No lugar de Gestalt-terapeutas, precisamos

> [...] estar [abertos] para considerar de que modo [nós contribuímos] para criar o sofrimento ali encontrado. É uma perspectiva que requer que o terapeuta queira se questionar a si próprio em todo o encontro e ter a humildade de se assumir como parte da estrutura a que ele é chamado a curar (FRANCESETTI, 2018, p. 157).

A PRÁTICA DA SUPERVISÃO

*R*efletir sobre a prática da supervisão como supervisora me permitiu identificar aspectos fundamentais nesse processo, que são: o lugar do supervisor, as demandas explícitas e implícitas do(s) supervisionando(s) e os procedimentos que orientam o ato de supervisionar.

Acredito ter abordado os dois primeiros fundamentos tópicos iniciais deste capítulo. Quanto aos procedimentos, destaco quatro, sobre os quais tecerei considerações e que ilustrarei com recortes de situações manejadas em supervisões grupais, assegurando os devidos cuidados com o sigilo da identidade dos clientes.

Reconheço em minha prática como supervisora os seguintes passos, que não obedecem a uma sequência linear: (1) a escuta do relato a respeito da sessão realizada; (2) orientação e esclarecimentos sobre aspectos técnicos do caso; (3) o trabalho com a pessoa do terapeuta, e (4) a ressonância dos afetos entre os membros do grupo diante do caso clínico em supervisão.

A *escuta do relato da sessão* consiste em identificar com o supervisionando a principal demanda da sessão (se apenas uma sessão foi realizada) ou quais têm sido, ao longo do processo terapêutico, as demandas centrais do cliente em questão. Importa ajudar o profissional a pensar em hipóteses diagnósticas processuais, incluindo a dinâmica psíquica compreendida por meio da teoria de *self* e dos tipos de ajustamentos que emergem, como o neurótico, o psicótico e o aflitivo, bem como intervenções pertinentes a cada uma dessas clínicas.

Para ilustrar esse momento da supervisão, destaco a narrativa clínica de uma supervisionanda que atendia uma mulher de 40 anos de idade, casada, mãe de uma menina de 5 anos e madrasta de um menino de 13 anos com deficiência intelectual.

CAPÍTULO 8 | A Supervisão em Perspectiva Gestáltica: Um Recurso para o Ensino-Aprendizagem da Psicoterapia

A psicoterapeuta trouxe esse caso para o grupo de supervisão por se sentir perdida durante as três sessões realizadas até ali, pois suas intervenções pareciam não ter eco ou a cliente parecia não entender, as sessões não fluíam, e o sentimento da terapeuta era de impotência diante das queixas ouvidas.

Segundo a participante do grupo, a cliente chorava muito, dizendo-se cansada e sem saber como lidar com o enteado, cuja mãe o havia abandonado aos cuidados do pai (seu marido), que era funcionário público e estava adoecendo emocionalmente em função do assédio moral no local de trabalho por solicitar com frequência dispensa para acompanhar o filho nas terapias e consultas médicas. Durante as sessões, o adolescente se mostrava agressivo, chegando a machucar a cliente, seu marido e a filha.

O trabalho consistiu em escutar a narrativa e as preocupações interventivas da profissional e ajudá-la a perceber qual seria a figura premente no campo dessa cliente, bem como oferecer suporte e orientação para que ela seguisse o fluxo de contatos, alternando figuras emergentes do fundo (PERLS, 1977; PERLS, HEFFERLINE & GODMAN, 1997).

Nesse sentido, cogitamos a possibilidade de olhar o caso pela clínica da aflição, que se caracteriza por uma limitação do meio, uma privação material que "impede [a] pessoa [de] encontrar dados, na mediação dos quais consiga oferecer, ao fundo de excitamentos históricos, um horizonte de futuro que os faça valer como realidade objetiva", destituindo o ego de sua função criativa, de seu poder de deliberar e o atribui ao meio, "faz do meio um 'ego auxiliar'" (MULLER-GRANZONTTO & MULLER-GRANZONTTO, 2007, p. 280).

Assim, a psicoterapeuta adotaria a postura de ego auxiliar para orientar a cliente na busca de assistência jurídica no sistema de Justiça e proteção à criança e ao adolescente (Ministério Público Estadual e Conselho Tutelar, respectivamente), com o objetivo de mediar a relação com a mãe de seu enteado, e encaminhá-la para clínicas especializadas para que encontre ajuda para ele, aliando suporte psicológico para ela durante as sessões.

Algumas semanas depois, a psicoterapeuta trouxe ao grupo a notícia de que a cliente estava menos angustiada e havia pedido ajuda ao Conselho Tutelar, que se utilizou de todos os instrumentos para contatar a mãe do adolescente; contou que havia encontrado uma cuidadora para auxiliá-la durante o dia nos cuidados com seu enteado e que seu esposo havia buscado ajuda psicológica.

Um caso como esse não costuma aparecer na clínica particular, mas, quando surge, precisamos ter clareza sobre a maneira de conduzi-lo para que não caiamos no lugar-comum de saber o que aquele evento significa quando a necessidade premente é de ajuda, esclarecimento e orientação.

Orientação e esclarecimentos sobre aspectos técnicos do caso, como leituras, hipóteses diagnósticas, redes de apoio e assistência, são oferecidos de modo a garantir a integridade de clientes que estejam vivendo situações de vulnerabilidade. Esse segundo procedimento também poderia ser ilustrado pela situação exposta, mas cabe a exemplificação de um psicoterapeuta desse mesmo grupo que, à época, já realizava alguns atendimentos *online* de uma cliente que saíra do Brasil. Em seu novo país, a cliente se envolveu em um relacionamento afetivo que pouco a pouco foi ganhando contornos abusivos.

Nessa situação, além de ouvir como o profissional se sentia diante de sua cliente, aspectos técnicos foram mencionados durante a supervisão, como pesquisar a rede de apoio e proteção à mulher no país/cidade atual, bem como ajudá-la a reconhecer outras possibilidades de apoio e proteção em caso de emergência; em grupo, fizemos um levantamento de leituras e materiais técnicos que pudessem fundamentar a postura do terapeuta diante de um caso em que sua cliente estivesse em circunstâncias potencialmente vulneráveis e os atendimentos ocorressem à distância.

O trabalho com a pessoa do terapeuta é o momento que considero o cerne da supervisão, pois aqui o supervisor precisar escutar, a partir do discurso verbal e não verbal do supervisionando, os possíveis atravessamentos que ocorrem na relação com seu cliente e verificar quais aspectos de seu fundo de vividos estão comparecendo durante a sessão e bloqueando o processo. Ao convidá-lo a olhar para isso, o estaremos ajudando a identificar pontos cegos que não serão eliminados, mas *re-vistos* para serem utilizados (ou não) como orientação em intervenções coerentes com o campo que se estabelece entre terapeuta e cliente.

Para exemplificar essa circunstância, descrevo o recorte da supervisão em grupo de uma psicoterapeuta que atendia uma jovem mulher de 30 anos, cujas queixas estavam centradas nos conflitos entre ela e sua mãe, no quanto a cliente tentava e às vezes não conseguia ter espaço na vida afetiva e relacionamentos sem a interferência de sua mãe. A questão trazida pela terapeuta se referia a um ligeiro incômodo ao ouvir a queixa, no sentido de se sentir atraída pela situação da mãe de sua cliente, embora compreendesse suas necessidades de diferenciação.

Durante a supervisão, focando nesse aspecto da pessoalidade do terapeuta, perguntei-lhe sobre seus sentimentos e fantasias em torno da mãe de sua cliente. Suas respostas abrangiam compaixão, que as demandas da mãe bem que poderiam

CAPÍTULO 8 | A Supervisão em Perspectiva Gestáltica:
Um Recurso para o Ensino-Aprendizagem da Psicoterapia

ser justificadas, pois na história daquele sistema as mulheres ocupavam o lugar do cuidado, da doação, e estavam sempre envolvidas com os problemas umas das outras, e isso, na perspectiva da terapeuta, solidariamente.

A princípio, a psicoterapeuta disse não ver semelhanças entre esses detalhes familiares e os seus, de sua própria família de origem, mas, ao ser perguntada sobre possíveis correlações entre seu incômodo ao ouvir a cliente e essa dessemelhança, a terapeuta relatou aumento do incômodo, que naquele aqui-agora estava ligado às suas próprias fantasias no lugar de mãe, pois daria à luz sua primeira filha dali a 4 meses. Ela ficou emocionada ao se imaginar espelhada na figura da mãe de sua cliente, alvo de queixas, reclamações e desejo de afastamento, em sua perspectiva. O desdobramento disso, na supervisão, girou em torno da gestação e dos aspectos envolvidos nessa escolha pela maternidade, os quais foram certamente aprofundados na psicoterapia pessoal da terapeuta.

A *ressonância grupal mediante o caso clínico em supervisão* é uma experiência bastante suportiva tanto para o supervisor como para os participantes do grupo, o qual é constituído pelos laços invisíveis do afeto – no sentido de ser afetado/tocado em suas questões pela narrativa do outro. Para Ribeiro (1994, p. 81), "as colocações individuais são vistas como ressonâncias do inconsciente ou da matriz grupal. As questões são sempre desenvolvidas ao grupo, que é o melhor intérprete de seu processo".

Desse modo, em grupos de supervisão é possível considerar que existem conteúdos e mensagens implícitos no relacionamento que são captados pelos participantes no momento das narrativas clínicas, os quais o supervisor e o supervisionando não viram/ouviram/perceberam, mas estão copresentes no grupo, tornando-o capaz de funcionar como porta-voz desses conteúdos e, por isso, complementa o trabalho de supervisão.

Para ilustrar, menciono situações que são frequentes nesses grupos, dadas pelo discurso de um ou mais participantes sobre a descrença naquilo que ouvem e sentem diante de seus clientes. Embora essa seja uma fala comum, os ecos disso partem da história de vida de cada terapeuta.

Em uma supervisão em grupo, acompanhei uma psicoterapeuta que se dizia profundamente frustrada consigo mesma por ver a dificuldade de sua cliente em se aprofundar nos conteúdos que emergiam na sessão e que retratavam situações de dor, abandono e violência. No entanto, em seu discurso, segundo sua terapeuta, parecia estar contando a história de um filme qualquer. As percepções de sua terapeuta ressaltavam a compreensão de que sua cliente estaria se autorregulando ao ensaiar aproximações de vivências de

ᘓ 147 ᘔ

tanta dor, porém, nesse cenário, sua autocrítica ainda figurava fortemente em detrimento do movimento de aproximação de sua cliente em torno desses temas.

Iniciei essa supervisão escutando o relato das sessões realizadas, elencamos artigos e capítulos de livros que pudessem fornecer suporte teórico para o caso, que também trazia sintomas de ansiedade e depressão, e chegamos às orientações e esclarecimentos sobre aspectos técnicos do caso, que consistiu no encaminhamento da cliente para avaliação e acompanhamento psiquiátrico. No que tange ao trabalho com seus atravessamentos pessoais, a terapeuta se reconheceu disponível para ouvir, acolher, e declarou que a princípio não identificava aspectos pessoais relevantes em si durante as sessões, exceto seu sentimento de que faltava alguma competência nela que não ajudava sua cliente, pois tinha a nítida sensação de ser insuficiente.

Pedi à terapeuta que se consultasse, então, para dizer quais habilidades lhe faltavam e estariam relacionadas com o não aprofundamento da cliente, e nada de significativo emergiu. Nesse momento, um participante do grupo pediu para fazer um comentário sobre como o caso estava lhe parecendo. Ele também se sentia com dúvida a respeito de si em alguns atendimentos, o que era uma motivação para sempre buscar estudar e fazer cursos. Diante de toda supervisão feita ali, ele não conseguia ver na colega a falta de habilidades que estivesse comprometendo sua condução.

O participante continuou falando, mas a figura que se sobressaiu foi a emoção da terapeuta. Chorando, ela disse que poucas vezes é reconhecida entre seus familiares quanto a seu trabalho de terapeuta; conta que é comum ouvir que seu trabalho não é trabalho, porque ela "só conversa" com as pessoas. Embora sempre tenha encarado esses comentários "como brincadeira", pois eram emitidos em contextos de descontração, a psicoterapeuta os guardava como ofensa, mas até aquele instante da supervisão não estava *aware* de como esse codado se refletia em sua prática clínica.

Iniciei este capítulo com alguns questionamentos em torno do ensino da psicoterapia gestáltica e ao longo do texto alinhavei conteúdos, conceitos da referida abordagem e perspectivas baseadas em minha prática como supervisora no intuito de construir alguns fundamentos teóricos e de manejo sobre esse fazer que se insere no contexto da docência no âmbito técnico.

Ao nos posicionarmos como profissionais da escuta e do cuidado da saúde emocional de outras pessoas, e escolhemos fazer isso de um lugar fenomenológico e dialógico, inexoravelmente aceitamos o compromisso ético de estarmos presentes diante de nossos clientes com tudo o que somos, com as limitações e potências envolvidas nesse *modo-de-ser*.

CAPÍTULO 8 | A Supervisão em Perspectiva Gestáltica:
Um Recurso para o Ensino-Aprendizagem da Psicoterapia

Nessa perspectiva, ensinar a outro profissional como se faz psicoterapia implica imersão nessa prática que começa na graduação e saber que um caminho sempre inacabado nos espera, tendo nos estudos, no aprimoramento técnico e no autocuidado nossos companheiros de jornada.

Tracei contornos de um trabalho de supervisão realizado com profissionais recém-formados e também com outros que têm algum tempo de experiência, quando buscam a supervisão como recurso não só de aprendizagem, mas de refinamento de si como principal instrumento de trabalho.

Nesse âmbito, a supervisão fundamentada em bases gestálticas se revela importantíssimo recurso para o ensino-aprendizado de um "objeto" encarnado, que guarda semelhança direta com o profissional que o atende. Nos meandros desse processo de ensinar a manejar o encontro terapêutico, considero que um dos elementos que nós supervisores podemos utilizar para cultivar a autoconfiança e a autonomia dos supervisionandos é, sem sombra de dúvida, nosso relacionamento com eles, que carreia aspectos de ajuda, orientação, mas também a oferta de um espaço de acolhida para os equívocos de percepção, para interferências disfuncionais na terapia de seus clientes, ajudando-os a aceitar o fato de que não são apenas feridas saradas que necessariamente tornam nosso trabalho terapêutico, mas que as feridas reconhecidas, em processo de cuidado, podem ser igualmente potentes, e um dos foros privilegiados para a validação coletivamente respeitosa são os grupos de supervisão.

REFERÊNCIAS

ALMEIDA, J.; PIRES, A.; OLIVEIRA, M.; PEREIRA, M. Sobre a relação entre psicoterapeutas em supervisão, adaptação da escala SRSI. Psic Saúde & Doenças 2020; 21(2):274-86.

BELMINO, M.C.B. Gestalt-terapia e experiência de campo: dos fundamentos à prática clínica. 1. ed. São Paulo (SP): Paco, 2020.

BRIOLLA, M.F. O estágio supervisionado. 7. ed. São Paulo (SP): Cortez, 2011.

BUROW, O-A, SCHERPP, K. Gestalt-pedagogia: um caminho para a escola e a educação. 3. ed. São Paulo, Summus, 1985.

CALLIGARES, C. Cartas a um jovem terapeuta: reflexões para psicoterapeutas, aspirantes e curiosos. São Paulo (SP): Planeta do Brasil, 2019.

CARDELLA, B.H.P. Relação, atitude e dimensão ética do encontro terapêutico na clínica gestáltica. In: FRAZÃO, L.M.; FUKUMITSU, K.O.A. (Org.) Clínica, a relação terapêutica e o manejo em Gestalt-terapia. São Paulo, Summus, 2015: 55-82.

_____. A construção do psicoterapeuta: uma abordagem gestáltica. São Paulo (SP): Summus, 2002.

COLOMBO, S.F. O papel do terapeuta em terapia familiar. In: OSORIO, L.C.; VALLE, M.E.P.(Org.) Manual de terapia familiar. V.1. Porto Alegre (RS): Artmed, 2009: 443-61.

DARTIGUES, A. O que é a fenomenologia? São Paulo (SP): Centauro, 2005.

FRANCESETTI, G. "Você chora, eu sinto dor". O self emergente, cocriado, como fundamento da antropologia e psicoterapia na Gestalt-terapia. In: ROBINE, J.-M.(Org.) Self: uma polifonia de Gestaltterapeutas contemporâneos. São Paulo: Escuta, 2018: 147-68.

_____. From individual symptoms to psychopathological field. Towards a field perspective on clinical human suffering. Britsh Gestalt Journal 2015; 24(1):5-19.

FREITAS, J.R.C.B. A relação terapeuta-cliente na abordagem gestáltica. Revista IGT na Rede 2016; 24(13):85-104.

FORGHIERI, Y.C. A. Psicologia fenomenológica: fundamentos, método e pesquisa. São Paulo: Pioneira Thompson Learning, 2004.

GINGER, S.A.; GINGER A. Gestalt: uma terapia do contato. São Paulo: Summus, 1995.

HYCNER, R. De pessoa a pessoa: psicoterapia dialógica. São Paulo: Summus, 1995.

JACOBS, L. O diálogo na teoria e na Gestalt-terapia. In: HYCNER, R. Relação e cura na Gestalt-terapia. São Paulo: Summus, 1997: 65-96.

MULLER-GRANNZOTTO, M.J.; MULLER-GRANNZOTTO, R.L. Fenomenologia e Gestalt-terapia. São Paulo: Summus, 2007.

PERLS, F. A abordagem gestáltica e testemunha ocular da terapia. Rio de Janeiro: Zahar, 1977.

PERLS, F.; HEFFERLINE, R.; GOODMAN, P. Gestalt-terapia. São Paulo: Summus, 1997.

POLSTER, E.; POLSTER, M. Gestalt-terapia integrada. São Paulo: Summus, 2001.

RIBEIRO, J.P. Gestalt-terapia: O processo grupal – Uma abordagem fenomenológica da teoria de campo e holística. São Paulo: Summus, 1994.

ROBINE, J.-M. O self desdobrado: perspectiva de campo em Gestalt-terapia. São Paulo: Summus, 2006.

RODRIGUES, H.E. Introdução à Gestalt-terapia: conversando sobre os fundamentos da abordagem gestáltica. Rio de Janeiro: Vozes, 2000.

SÁ, R.; AZEVEDO, O.; LEITE, T. Reflexões fenomenológicas sobre a experiência de estágio e supervisão clínica em um serviço de psicologia aplicada universitário. Revista da Abordagem Gestáltica 2010; 16(2):135-40.

VASCONCELLOS, M.C.M. (Org.) Quando a psicoterapia trava. São Paulo: Ágora, 2007.

WATKINS, C.E. On psychoanalytic supervision as signature pedagogy. Psychoanalytic Review2014; 101(2):175-95.

YALOM, I.D. O carrasco do amor. Rio de Janeiro: Ediouro, 2007.

YAMAMOTO, O.H. Políticas sociais, "terceiro setor" e "compromisso social": perspectivas e limites do trabalho do psicólogo. Psicologia & Sociedade 2007; 19(1):30-7.

ZURBA, M.C. Contribuições da psicologia social para o psicólogo na saúde coletiva. Psicologia & Sociedade 2011; 23(spe):5-11.

O PAPEL DA SUPERVISÃO NA FORMAÇÃO: DESCONSTRUÇÕES, PONTES E AFETOS

Andrea Mateus Caldeira

INTRODUÇÃO

Este capítulo tem como objetivo refletir sobre a experiência multidisciplinar de supervisão em Saúde Mental na abordagem da Gestalt-terapia desenvolvida no Ambulatório Central de Adultos (ACA) do Instituto Municipal Nise da Silveira (IMSNS), uma instituição pública do SUS localizada no Rio de Janeiro. As análises realizadas utilizam conceitos da Reforma Psiquiátrica, como desinstitucionalização e doença entre parênteses, e da Gestalt-terapia e suas bases fenomenológico-existenciais. A partir desses pressupostos, o capítulo pretende compartilhar um processo de desconstrução do papel da supervisão como mero espaço de transmissão de saber para a construção de práticas horizontalizadas de formação, em que o estudante também é construtor ativo do saber.

As experiências de supervisão narradas e refletidas neste texto ocorreram no ACA do IMSNS. Fundado em 1911, o instituto vem desde a década de 1980 vivenciando um processo de desconstrução do aparato manicomial e desinstitucionalização condizente com a Reforma Psiquiátrica brasileira. Atuo no ACA/IMSNS como supervisora de dois programas de estágio: o Estágio Integrado em Saúde Mental (EISM), destinado a alunos de categorias profissionais diversas, como odontologia, nutrição e terapia ocupacional, entre outras, e o Estágio Curricular em Psicologia.

O ACA é um ambulatório de saúde mental composto por equipe multidisciplinar que tem como norte fundamental de sua prática o enfrentamento dos processos de medicalização da vida. Esses processos se caracterizam pela intenção de categorizar os aspectos humanos divergentes e o mal-estar pertinente à existência em categorias nosológicas de lógica patologizante, em que a medicação pode entrar como amarras que ortopedicamente determinam modos de existir.

Segundo Freitas e Amarante (2017), existe uma complexidade no fenômeno da medicalização da vida que se caracteriza por transformar questões referentes às condições da vida humana e problemas ordinários do cotidiano, experiências de mal-estar individuais ou coletivas, em questões patológicas especializadas com diagnóstico, prognóstico e tratamento. O mal-estar que a vida traz passa a não caber na vida. Ninguém mais fica triste, e o mal-estar rapidamente se torna depressão.

Diante dessa definição conceitual, o trabalho clínico do ACA se baseia na desmedicalização da vida, dimensionando a existência dentro de uma produção social. A vida produz sentimentos, amores, tristezas, alegrias e mal-estar. Desse modo, a diretriz de cuidado está pautada na clínica da Reforma Psiquiátrica e se desenvolve a partir de dois conceitos fundamentais. O primeiro conceito é o de "desinstitucionalização", que, segundo Amarante (2015), se caracteriza como uma desconstrução das práticas e saberes de cuidados inaugurados pela psiquiatria desde sua fundação por Pinel, no final do século XVIII. Refere-se à transformação radical das relações de cuidado, em que o especialista é destituído do lugar de saber-poder e se torna coadjuvante do processo conduzido por aquele que sofre.

> [...] por isso, desinstitucionalização torna-se, acima de tudo, um processo ético estético, de reconhecimento de novas situações que produzem novos sujeitos de direitos e novos direitos para sujeitos. Ou ainda, se o conceito de doença for submetido ao processo de desconstrução – assim como tantos outros conceitos produzidos pela psiquiatria – podemos supor que as relações entre as pessoas envolvidas serão transformadas, assim como os dispositivos e os espaços (AMARANTE, 2015, p. 114).

Dentro do paradigma da Reforma Psiquiátrica, entendemos que desinstitucionalizar os espaços de formação é fundamental para o enfrentamento da cultura medicalizante em nossa sociedade. A supervisão busca então desconstruir o lugar de um suposto saber que o especialista detém e que deve ser transmitido, tornando-se um lugar de trocas e de construção do saber de modo horizontalizado e a partir das experiências dos sujeitos.

CAPÍTULO 9 | O Papel da Supervisão na Formação: Desconstruções, Pontes e Afetos

Dentro de um espaço de supervisão desinstitucionalizado é possível a reflexão de uma transformação radical das relações de cuidado em que o especialista que cuida e o supervisor que supervisiona são destituídos do lugar de saber-poder e se tornam coadjuvantes de um processo que vai sendo construído e conduzido por aquele que sofre ou aprende. Este conceito também coloca em xeque as relações sociais que permitem as instituições de exclusão da diferença e entende que o cuidado se expande por toda sociedade.

O segundo conceito, também importante, que norteia a clínica do ACA e a formação dos profissionais no dispositivo através da supervisão é o de "doença entre parênteses", que diz respeito ao ato de colocar entre parênteses a doença e ver o ser que ali existe. A valorização é no ser humano em sofrimento e não em sua categoria nosológica, em seu diagnóstico.

Segundo Amarante (2015), colocar a doença entre parênteses nos possibilita a aproximação da experiência vivida pelo sujeito muito mais do que uma busca por uma suposta verdade sobre o adoecer. Dessa maneira, a doença é colocada entre parênteses para que se possa ver o sujeito que sofre, e essa inversão conceitual transforma totalmente o lugar de quem cuida e de quem é cuidado e do que denominamos clínica. Transforma também nossas ambições sobre o entendimento da formação de profissionais e consequentemente de que supervisão estamos falando, pois deixam de fazer sentido a figura central da doença e um protocolo de atendimento a ser seguido e também a figura de um mestre transmissor de saber. A supervisão fica desinstitucionalizada e colocada entre parênteses dentro dos moldes da Reforma Psiquiátrica. Desse modo, torna-se um lugar de permanente construção, onde somente sabemos o caminho conforme ele vai se construindo. Tudo se torna processo.

Como Gestalt-terapeuta, identifico vários pontos de interseção filosóficos e teóricos entre a Gestalt-terapia e a saúde mental e seus conceitos e, consequentemente, esse espaço desconstruído da formação e da supervisão. Assim, me proponho a pensar o espaço da supervisão pela Gestalt-terapia dentro de uma instituição pública do SUS, onde o desafio está em acolher e compor com as diferenças. Muitos dos alunos que chegam para o estágio estão vinculados a outras linhas teóricas ou são estudantes de outras categorias profissionais.

Para fundamentar minhas reflexões utilizei os conceitos da fenomenologia e do existencialismo, que são adotados pela Gestalt-terapia e se articulam com o campo da saúde mental.

 og 153 ഔ

O LUGAR DA FORMAÇÃO

A prática da supervisão com base na Gestalt-terapia, e em seus pressupostos filosóficos do existencialismo e da fenomenologia, traz a ideia de horizontalidade da relação e elementos não somente teóricos para a formação. Inclui o campo do sentir, através do próprio corpo sensório-motor, no encontro com os relatos das experiências dos atendimentos, tornando-se elemento da formação e consequentemente da supervisão. Trata-se de colocar entre parênteses o senso comum de diagnósticos e procedimentos e olhar para o encontro que se processa no olhar, no corpo e na fala, considerando assim que não existe um mundo sem eu nem um eu sem mundo.

De acordo com Rehfeld (2013), para a fenomenologia de Husserl a consciência seria uma dinâmica entre sujeito-objeto; desse modo, os sentidos produzidos pelo ser se dão no encontro, fazendo que nosso modo de olhar o mundo não seja neutro, mas sempre o resultado do encontro observador × observado. A fenomenologia ressalta sempre o caráter intencional da consciência. A intencionalidade está relacionada com a consciência de alguma coisa. Assim, a consciência, essa intencionalidade, se configura não somente no pensamento, mas na intuição, percepção, imaginação, memória, sentimentos e sonhos.

O existencialismo irá trazer para dentro do espaço da supervisão a visão do homem como ser de escolhas e que se constitui e se manifesta através das relações que vive.

Segundo Cardoso (2013), para o existencialismo somos seres que existimos a partir das relações com o mundo. As escolhas e caminhos que seguimos, mesmo quando nossa condição existencial está imersa em situações de limitações das mais diversas ordens, não nos determinam, pois sempre podemos escolher como viver essas situações.

A experiência da supervisão se configura como um espaço de produção de conhecimento a partir do encontro de sensibilidades, percepções de cuidados e afetos e que independem da linha teórica do aluno. A sensibilidade desse terapeuta em formação se torna peça fundamental do cuidado, ou seja, suas percepções, sensações e a escuta do que se desvela no encontro. Por isso se colocam entre parênteses teorias, protocolos e sintomatologias. O acolhimento realizado pelo estudante e suas sensibilidades, seus sentidos produzidos no olhar de encontro com aquele que sofre, serão o norte fundamental do cuidado.

Para Amarante e Cruz (2015) a formação em saúde mental pautada nos conceitos da Reforma Psiquiátrica coloca entre parênteses a clínica e provoca no aluno refle-

CAPÍTULO 9 | O Papel da Supervisão na Formação: Desconstruções, Pontes e Afetos

xões mais amplas sobre a complexidade da existência humana. Torna-se fundamental entender os processos de engendramento de nossas práticas psiquiátricas e também psicológicas dentro de uma óptica crítica de exercício de poder e práticas de saber.

A prática de supervisão em uma instituição pública de saúde mental, onde o trabalho se organiza de modo multidisciplinar, nos proporcionou a possibilidade de desconstruir o lugar da formação e os sentidos da supervisão clínica, uma proposta de expandir para além das fronteiras teóricas a experiência de formação. Destaco como exemplo dessa forma de trabalho a entrada de uma estagiária de odontologia no ACA e no grupo de supervisão.

Ela chega assustada pelos corredores do ambulatório e chama os usuários de crianças grandes. Suas intenções são boas, mas seu olhar está impregnado de preconceitos e teorias limitantes. Com o trabalho da supervisão vamos construindo o entendimento do reducionismo em considerar pessoas com transtornos mentais como não capazes ou não plenamente desenvolvidas, colocando-as assim em um lugar despotencializado. A aluna começa a refletir sobre a importância das relações interpessoais e dos vínculos para o tratamento odontológico, ressignificando o lugar do dentista para além das técnicas bucais.

Ao mesmo tempo, ela trazia questões relativas ao lugar que damos ao corpo em sofrimento psíquico, como as narrativas em que a família estava muito preocupada com o atendimento psiquiátrico e não conseguia ouvir a demanda daquela pessoa por cuidados bucais, as diversas situações em que os clientes se queixavam de incômodo por estarem com os dentes feios e cariados e não eram ouvidos.

Como foi importante a presença dela para que nós da equipe conseguíssemos ouvir aquela demanda, pois também tínhamos nosso olhar fechado, e foi preciso nos desalojar de um determinado lugar e enxergar outras facetas do ser em existência. Como podemos considerar natural a extração de dentes como primeiro recurso para o cuidado em saúde bucal quando ocorre com pessoas em sofrimento psíquico? Trata-se de um órgão. E qual o impacto para a autoestima e para a imagem corporal daqueles que têm seus dentes extraídos compulsoriamente?

O exemplo oferecido por essa aluna ilustra a importância da multidisciplinaridade como elemento de ampliação do olhar sobre o cuidado e também uma forma de desacomodar especialismos. O ser é integral, e devem ser assim os cuidados. A partir das trocas de conhecimento entre saúde mental e odontologia foi possível ampliar nosso olhar para as singularidades e a complexidade das pessoas e suas

Somos afetados pelas histórias de sofrimento, pela pobreza e pela capacidade criativa das pessoas para conseguir lidar com os mais diversos sofrimentos. A formação e a supervisão não podem se colocar distanciadas dessas mazelas da vida que constituem e perpassam os sujeitos de quem pretendemos cuidar. É na supervisão que esses elementos aparecem e precisam ser tratados como parte do cuidar, pois as pessoas são o que vive.

O que vai nortear a orientação de cuidado na supervisão é o entendimento de que o que conduz a clínica são os vínculos estabelecidos. O acolhimento começa no olhar, no escutar, e muitas vezes isso por si já é potencializador.

A formação de profissionais de saúde mental para além do treinamento de técnicos para execução de protocolos, mas profissionais que tenham uma perspectiva crítica e criativa que se move na direção de projetos terapêuticos construídos em conjunto com quem se dispõe a cuidar, potencializando aquele que sabe de si, ou seja, o ser que sofre. Esse profissional compreende que essa concepção de formação, da clínica e do cuidado se amplia no percurso da vida e se desdobra em multiplicação de relações e afetos.

Cabe aqui ressaltar o que Hycner (1995) diz sobre as relações. Ele as coloca como ferramentas de todo terapeuta, pois são elas que constroem pontes em direção a quem se quer cuidar. A relação terapêutica reconstrói um lugar de confiança perdido e, quando se restabelece, podemos correr os riscos do processo terapêutico.

O contato com campos teóricos que incluem o afeto, o encontro, vínculos, narrativas e sentidos que os sujeitos constroem para seus sofrimentos como elementos-chave do manejo técnico é fundamental para que os profissionais de todas as áreas da saúde compreendam que a vida psíquica e emocional está intrinsecamente ligada a todos os processos de saúde e doença.

Que alunos de áreas de odontologia, nutrição e fonoaudiologia, por exemplo, possam compreender a importância de conversar, de ouvir, que ali há mais do que dentes, funções nutricionais e funcionamentos musculares. São as histórias de vida que têm sentido fundamental, como a resiliência de vir a pé para o tratamento psicológico porque a política de gratuidade no transporte público só considera a ida ao atendimento médico como direito, ou aquele que adoece psiquicamente, pois está na fila da catarata há mais de 1 ano e sua visão está quase perdida, porém chega ao

CAPÍTULO 9 | O Papel da Supervisão na Formação: Desconstruções, Pontes e Afetos

serviço de saúde mental pra tentar se fortificar para lutar por sua cirurgia e voltar a trabalhar. Mães perdem seus filhos na violência das cidades, mas se transformam a partir de seus sofrimentos, fazendo parte do tratamento a luta para levar o algoz de seu filho para a cadeia.

Destacamos nesse processo a prática multidisciplinar possibilitada pelo programa de estágio EISM, que estabelece ainda na formação o sentido de criação de modos de cuidado a partir da história singular dos clientes e da diversidade de saberes existentes no campo multidisciplinar.

O encontro dos psicólogos com o futuro dentista, por exemplo, faz emergir a compreensão de que um dente muitas vezes pode levantar a autoestima de alguém que não sorri por vergonha e que só conseguiu dizer isso ao dentista. Cuidar dos dentes se torna um evento da clínica por produzir afetos e a ampliação do contato. A supervisão multidisciplinar, com a aposta nas relações como elemento de produção de saberes e como ponte que propicia novos contatos, é um ambiente fértil para esse encontro de práticas e trocas de conhecimento.

Outro aspecto da formação na instituição pública é que o estagiário traz seu olhar estrangeiro, suas perguntas que refletem uma visão que ainda não foi automatizada pela dureza do cotidiano. Nesse espaço de supervisão cabe o desconforto ocasionado por esse olhar do estagiário, e suas perguntas sobre o modo de funcionamento institucional nos desloca e desacomoda.

Ele provoca o supervisor a sair de uma zona de conforto e revisitar os espaços e práticas institucionais. Questionamentos como: "Por que nos corredores se encontram mais mulheres do que homens?"; "Por que 70% dos pacientes são mulheres?". Questões de gênero perpassam o sofrimento psíquico nos transtornos psiquiátricos. A partir dessa constatação, começou-se a refletir na supervisão sobre as questões de gênero na saúde mental e foi criado um grupo de mulheres para o território do entorno do ACA.

Essa experiência foi possível somente porque, como Gestalt-terapeuta e profissional de saúde mental, entendo as relações como horizontais, em que a produção de conhecimento não é estática e o lugar de supervisora é também de aprendiz, e construímos com o grupo nossos saberes e práticas. Como ressaltam Quadros, Araújo e Souza (2018), a proposta de uma supervisão com base em Gestalt-terapia suscita a ideia de horizontalidade da relação e também de que nesse processo de formação a sensibilidade do terapeuta é um elemento importante para sua constituição.

Por entender que esse lugar de sensibilidade do terapeuta lhe constitui, é possível acolher esse olhar estrangeiro do estagiário e, a partir desse momento, participar de um questionamento que desacomoda, mas faz emergir um espaço grupal necessário para que mulheres possam falar de suas vidas em um espaço de cuidado fora do ambulatório. O grupo de mulheres amplia o olhar sobre o adoecimento psíquico de mulheres e potencializa a troca do existir como mulher em um mundo onde o machismo produz adoecimento.

Por intermédio dessa relação horizontal construída no espaço de supervisão é possível caminhar e englobar novas experiências, e o aluno é tocado, mas o supervisor e a instituição também, e ambos se transformam e se movimentam, criando pontes cada vez mais sólidas pra quem queremos acompanhar.

CONSIDERAÇÕES FINAIS

Como finalizar um trabalho cuja melhor expressão é não ser finalizado? Tudo que foi construído até aqui pode ser redimensionado perante as próximas experiências que irão surgir. A tentativa é de dar um contorno a essa processualidade, e por isso esta consideração final ficará em aberto. Entretanto, podemos destacar alguns pontos. O primeiro é que o entendimento do homem e da existência desenvolvido pela Gestalt-terapia estabelece um campo de produção de conhecimento onde o lugar do formador, em nosso caso delimitado pela função de supervisor, é também lugar de aprendizagem. Cada turma é um encontro, um fenômeno existencial de construções e desconstruções de saberes, práticas e verdades.

O segundo é que o afeto e a emoção são elementos fundamentais do trabalho técnico do cuidado e devem ser assim considerados na formação de novos profissionais.

O terceiro aspecto é que uma formação com base em Gestalt-terapia e nos pressupostos da saúde mental tem em seu âmago a desconstrução de saberes e práticas cristalizadas. O conhecimento em última instância é colocado entre parênteses para que se possa experienciar o que aparece no encontro entre quem cuida e quem é cuidado, e a formação desse modo não é um molde, mas, ao contrário, irá valorizar o terapeuta que cada um pode se tornar através de sua história e afetações.

Em resumo, o espaço de supervisão em uma instituição pública multidisciplinar é uma construção de muitas mãos que nunca se esgota em um ponto final.

REFERÊNCIAS

MARANTE, P. Teoria e crítica em saúde mental. São Paulo: Zagodoni, 2015.

AMARANTE P.; CRUZ, L.B. Saúde mental, formação e crítica. 2. ed. Rio de Janeiro: Ed. Fiocruz, 2015.

CARDOSO, C.L. A face existencial da Gestalt-terapia. In: FRAZÃO, L.M.; FUKUMITSU, K.O. (Org.) Gestalt-terapia. Fundamentos epistemológicos e influências filosóficas. São Paulo: Summus, 2013.

FREITAS, F.; AMARANTE, P. Medicalização em psiquiatria. 2. ed. Rio de Janeiro: Ed. Fiocruz, 2017.

HYCNER, R. De pessoa a pessoa. Psicoterapia dialógica. São Paulo: Summus, 1995.

QUADROS, L.C.T.; ARAÚJO, E.S.; SOUZA, D.S. Supervisão em Gestalt-terapia: da delicadeza de ensinar à aventura do aprender. Rev NUFEN, Belém, ago. 2018; 10 (2):127-43. Disponível em: http://pepsic. bvsalud.org/scielo.php?script=sci_arttext&pid=S2175-25912018000200009&lng=pt&nrm=iso. Acesso em 03.01.2021.

REHFELD, A. Fenomenologia e Gestalt-terapia. In: FRAZÃO, L.M.; FUKUMITSU, K.O. (Org.) Gestalt-terapia. Fundamentos epistemológicos e influências filosóficas. São Paulo: Summus, 2013.

ÍNDICE REMISSIVO

A

ACA do IMSNS, 151

Achados, 82

Acolhimento, 108

Amor, 48

Aprendiz/jovem, 30

Apresentação do paciente, 82

Autossupervisão, 126

Avaliação do estágio, 130

Awareness, 46

C

Caso clínico, 10, 57

Clientes, 128

Compreensão diagnóstica, 102

Contato dialógico, 8

Contrato, 125

D

Dados biográficos, 82

Diálogo, 38

Didática, 38

Dificuldade pessoal, 82

Disciplina, 129

E

Enquadre, 123Escuta do relato, 144

Estágio, finalização, 130

Estilo de personalidade, 83

Ética, 38

Examinar um caso, 87

Experiência, 38

Experimentação, 7

F

Fechamento do caso, 91

Foco, 103

- fenomenológico, 7

Formação, 154

I

Impressão psicodiagnóstica, 83, 89

Iniciação, 38

Intervisão, 68

K

Kintsugi, 65

M

Memória, 113

Mestre/velho, 30

Modelo oriental, 28

P

Paciente, 88

Plano de tratamento, 91

Psicoterapeuta, 89

Psicoterapia breve, 95, 99

- fim, 105

- tópicos, 110

Q

Queixa, 82

SUPERVISÃO EM GESTALT-TERAPIA
O cuidado como figura

R

Relato cursivo, 83

Relatório

- de atendimento, 135

- do estágio, 129

Role-play, 5, 14

S

Sentimentos do psicoterapeuta, 85

Supervisão, 2, 121

- alunos, 122

- definição, 44

- dimensões, 37

- estrutura, 126

- grupal, 56

- - cuidados, 105

- individual, 55

- metodologia, 50

- modalidades, 53

- objetivos, 37

- prática, 144

- profissionais psicólogos, 131

- sessão, 82

Supervisionandos, 74

- primeira orientação, 79

Supervisora, 9, 92

- decisões, 116

- funções, 116

T

Taoísmo, 28

Teoria de campo, 6

Terapêutica, 38

V

Velho, 30

Versões de sentido, 100

Z

Zen-budismo, 28

Este livro foi impresso nas oficinas gráficas da Editora Vozes Ltda.,
Rua Frei Luís, 100 – Petrópolis, RJ.